JN111272

THE MEDIA EDUCATION MANIFESTO

メディア教育宣言

デジタル社会をどう生きるか

デビッド・バッキンガム
DAVID BUCKINGHAM
[監訳] 水越伸
[訳] 時津啓・砂川誠司

世界思想社

Translated from *The Media Education Manifesto* by David Buckingham
Copyright ©David Buckingham
This edition is published by arrangement with Polity Press Ltd., Cambridge,
through Tuttle-Mori Agency, Inc., Tokyo.

日本語版刊行に際して

本書で取り上げている事例の多くは、イギリスにおけるメディア教育学者としての経験から導き出したものである。しかしながら、本書は世界中の読者を意識したものである。日本はデジタル技術の経験では、多くの西洋諸国よりも進んでおり、豊かで魅力的なデジタル文化を持っている。私は、日本の多くの教育者がこうしたメディアがもたらす好機と難問にすでに取り組んでいることを知っている。しかし私たちは、学校におけるメディア教育のより体系的で包括的なプログラムを促進するうえで、多くの同じ障害に直面している。この小さな本の翻訳出版が、日本の教育者たちの教室実践を支援するとともに、それらの人々によるメディア教育の実態をより幅広い読者に知ってもらうための機会になることを願っている。

最後に、日本の友人たち、時津啓、砂川誠司、坂本旬、村上郷子、水越伸の各氏と、日本語版の出版を実現してくれた関係者の方々に、心から感謝したい。

二〇二三年九月　ロンドンにて

デビッド・バッキンガム

謝辞

まったく奇妙なことだが、私は、保守党政権の教育大臣の言動〈1〉のおかげで、この本を書く必要性を確信した。さかのぼること二〇一六年、イギリス政府はイングランドとウェールズの中学校における履修科目の「合理化」〈2〉に取りかかっていた。政府が示す要件を満たさなければ、いくつかの科目はカリキュラムから外される。メディア研究は削減対象のひとつとして、やり玉に挙げられたのだった。最終的に残されはしたが、ギリギリのところであり、とても致命的な妥協点があった。私は一九八〇年代からメディア教育に携わってきた人間として、こんなにも簡単にカリキュラムから消されうるということに失望し、激しい憤りを感じた。どんな政治信条の政府が、どんな理由で、メディアの理解を若者に教える必要がないなどと考えるのだろうか。今回が初めてというわけではないが、メディア教育の根拠を明確に、簡潔に、力強く訴えかける本が必要だと感じた。

これを新しい「宣言」シリーズのひとつとして書くことを提案してくれたポリティ社のメアリー・サヴィガーに感謝したい。このシリーズが、本書にはぴったりの場所のようだ。また、この内容をより現代的なものにするように促してくれたポリティ社の校閲者やその他の編集者にも感謝したい。〔アントニオ・グラムシの言葉を借りれば〕知性のペシミズムが意志のオプティミズムに打ち負かそうとしているように思えた、そんな時期に私を励ましてくれた友人たち、とくにケイト・ドマイル、チョン・ヒョンソン、キム・アミ、そしてセリア・グリーンウッドに感謝したい。それから、原稿を読み、いくつかの有益なコメントをくれたジェニー・グラハム、サラ・ブラッグ、シャク・バナジ、ピート・フレイザー、ロクサーナ・モルドゥハヴィッチに感謝したい。最後に、ポーランド、アメリカ、イタリア、ベルギー、ウルグアイ、アルゼンチン、アイルランド、日本、スペイン、スロバキア、韓国、ギリシャ、香港、リトアニアで、そしてイギリスのさまざまな地域において、ここ数年で具体化してきたいくつもの議論を受け入れ、フィードバックを与えてくれた人々に感謝の意を表したい。

　これらのアイデアの多くは私のブログ（davidbuckingham.net）で最初に紹介したものだが、それらは本書のために大幅に書き直され、私の望む明解な議論としてまとめられた。

凡例

一　原書の注は（1）の表記で示し、巻末に掲載した。

二　訳者による注は〈1〉の表記で示し、巻末に掲載した。ただし一部は、〔　〕で本文中に示した。

三　原書のイタリック体は、傍点で示した。ただし書名には『　』を用いた。

四　いくつかのウェブ・アドレス（URL）にリンク切れがあったため、同一記事が公開されている新たなアドレスを記載した（二〇二三年九月時点）。

序

二〇世紀の終わりごろから、世界のメディア環境は激変した。多種多様な新しいメディア・テクノロジーやメディア形態、メディア実践が現れた。メディアを利用する人々に、自己表現とコミュニケーションの新しい機会が与えられてきた。しかしその過程で、メディア企業は顧客に関するデータを集め、分析して販売する力を大幅に向上させた。けっして新しいメディアが旧来のメディアに取って代わったわけではない。だが、公共的コミュニケーションと対人コミュニケーションの境界はますますあいまいになってきている。私たちは、ほぼ完全にメディア化された世界に住んでいるのだ。新たな難問が浮かび上がってきている。「フェイクニュース」やネットを使った暴力、プライバシーへの脅威などに関連するものだ。一方で、もっと前からあるいくつもの懸念――プロパガンダ、ポルノ、メディア「中毒」など――が新しいかたちをとるようになってきている。現在、世界のメディア環境は、市場をほぼ独占するごく少数の企業によって支配されている。そうした企業は、最も広く利用されているメディアのプラットフォームやサービスを管理している。

こうした文脈のなかで政策立案者たちは、新しいメディアがもたらす利益を最大化する手段としてのメディア・リテラシーにますます期待を寄せている。一方で、こうした新しいメディアがもたらすいくつもの問題に取り組むようになってもいる。メディアは、現代の生活――文化、政治、経済、人間関係――の中心にある。著しくメディア化された社会において、メディアの利用者はこれまでよりも自律的になり、より高い能力を身につけ、さらに批判的になることが必要だということに、ほとんどの人が同意するはずだ。しかし、多くの場合、メディア・リテラシーは、ある種の手っ取り早い解決策とみなされたり、国から個人へと責任を転嫁する手段として用いられたりもするのである。メディア・リテラシーとは何をもたらしてくれるのか。どのような育み方が最もよいのか。少なくとも一般の議論には、このような問題意識はほとんどない。

世界中の多くの地域で、メディア教育者たちは、何十年にもわたってこうした問題に取り組んできた――さまざまな理由から、メディア教育はたいてい、義務教育の隅っこに留めおかれてきたが。ただ、メディア教育のカリキュラムや授業方法の多くは、かつての「マス」メディアの時代に開発されたものがほとんどだ。デジタル時代に、メディア教育は無駄なことばかりしていると主張する人もいる。そういう人たちは、若者がソーシャル・メディアのいわゆる「参加型文化」に参加するだけで、必要な技能や理解が自動的に育まれるのだと信じている。[1]メディア教育の批判的なアプローチは、古臭くて恩着せがましいだけだと主張する人さえいる。

私の見方はまったく違う。デジタル・メディアが持つエンパワーメントの可能性などといったずいぶん安直な楽観論など持ってはいない。クリエイティブな制作経験や参加経験から、批判的な技能や理解が自動的に得られるなどとも考えていない。メディア・リテラシーとは、メディアのメッセージにアクセスするため、あるいはメディアのメッセージを創り出すために、個別の機器の使い方を覚えるだけのものではないのだ。それは、メディアがどのように機能し、情報を伝え、世界を表象し、生産されたり利用されたりするのかについての、深くて批判的な理解を含まなければならない。今日、メディアを理解するためには、「デジタル資本主義」という現代的な社会形態が持つ複雑さを認識することが求められる。そして、市民がメディア・リテラシーを身につけることを本気で望むのならば、私たちには、包括的で、体系的で、持続的なメディア教育のプログラムが必要である。それを学ぶことは、すべての若者にとっての基本的な権利なのだ。

思うに、宣言とは、二つの主要なことがらをすべきものである。一つ目は、目の前の課題の重要性および緊急性を、読者に納得させなければならない。そのためには、いくつかの基本的な目的と原理を示し、他のどのような代替案よりもそれが有効かつ有用だということを読者に説得することが必要だ。これが本書の前半の基本的な目的である。二つ目には、行動計画を示さなければならない。抽象的な用語によるのではなく、目の前に存在する状況のもとで、どうやって目的を達成するのかを示さなければならない。このためには、あまり一般的とはいえない主張や、詳細な提案も必要だ。これが本書の後半の目的である。

私の主張は、おもに、過去数十年にわたるイギリスでの私自身の経験に基づくものにならざるを得ない。そのなかには、他の地域で用いることがむずかしいものもある。しかし、メディア教育に対するイギリスのアプローチは、世界中に大きな影響力を持ってきた。また、私は三〇カ国以上のメディア教育者と連携してきた。重心を置いているのは、おもに小中高校でのメディア教育である。大学や市民社会などのより非制度的な場ではない。もちろん、そのような場と学校での教育にはいくつか重なる部分はある。が、私が重視しているのは子どもや若者である。大人たちではないのだ。また、本書の議論の多くはインターネットとソーシャル・メディアに向けられているものの、私は新しいデジタル・メディアと旧来のメディア（印刷物を含む）の両方を含めた、幅広いメディアを検討している。

この宣言は二〇一八年に書かれたものである。この時点で、デジタル・メディアに関する一般の議論はひとつの転換点に達したようだ。後々ふり返ってみれば、二〇一八年は「技術非難」の年とみなされるようになっているかもしれない。(2) 世界的なメディア企業に対する批判、さらにデジタル・メディアの影響の拡大に対する批判は、より声高に、顕著になっている。注目すべきなのは、そうした企業の幹部や元幹部たちの多くが、メディアの影響に対する危惧を表明していることである。とりわけ、自分たちの子どもに対するメディアの影響を危惧している。テクノロジーがいかにしてわれわれを地獄へ連れていくか、といった類いの議論をする本が出版されない週はない。デジタル・メディアが持つエンパワーメントの可能性についてのゴキゲンな主張は、企業広報だけではなく、多くの研究者や教育者や活動家にとってもかつては商売道具であったが、いよいよ空虚なレトリックのようになってきた。フェイスブック（現メタ）の最高経営責任者であるマーク・ザッカーバーグ(3)は、アメリカ議会の委員会で、フェイスブック社は「コミュニティ」を創る企業であり、「世界をもっと親密にする」企業だと語っている。が、多くの人がいまだに彼を信じているとは想像しがたい。

現代のメディア環境を批判的に理解するためには、そのような主張に対する一定程度の懐疑的な態度がまちがいなく必要である。ただし、シニシズムの危険性に注意する必要もある。新しいメディア企業は相当な権力を行使し、しかもその活動の多くは陰に隠れて目につかない。とはいえ、その力には限界もある。利用者がそれに立ち向かう方法もある。メディアの批判的理解は、とにもかくにもそのための第一歩だが、しかしそれは簡単なことではない。深い知識、厳密な分析、徹底した調査が必要だ。批判的理解は、私たちに、自らがこれらのメディアをどう使っているのか、どれだけそれらに感情的、象徴的にハマり込んでいるかを反省的にふり返ることを要求する。さらにメディアがより一般的な社会的、文化的、政治的、歴史的展開とどのように関わっているかをめぐる幅広い気づきをもたらす。さらに、最終的には批判的な理解が行動につながる必要もある。かつて有名な宣言の著者が語ったように、宣言の目的は、世界をただ解釈するだけではなく、世界を変えることにあるのだ。

1 変化するメディア環境

平日の朝は忙しい。私は都心での会議に向かう途中である。地下鉄は通勤客で混雑していて、みんなそれぞれのプライベートな世界に没頭している。フリーペーパーを読む人もいたが、それはもう車両の床に捨てられている。なかには本を読んでいる人もいるが、ほとんどの人は画面に夢中だ。タブレットや電子書籍を読む人もいれば、スマートフォンでゲームや動画を見る人もいる。多くの人が、電子メール、テキスト、音楽、写真、ツイートをスクロールしている。ほとんどの人はヘッドホンをしている。車両や駅の壁は広告で覆われており、多くの通勤客は、その日着ている服や持っている鞄、デジタル機器を人目にさらすことで、知らぬ間にブランドの宣伝役を担っている。下車して地上へ向かうとき、駅のホームにある大型スクリーン、エスカレーターにある小型スクリーンの前を通過する。それらのスクリーンでは、最新の映画、舞台、展覧会、新譜の発売を宣伝している。駅を出るとすぐに、人々は再びスマートフォンを覗き、地下にいるあいだに逃したメッセージを得ようと熱心だ。

メディアはどこにでもある。まるで空気のようなものだ。推計では、若者たちは今や一週間のうち一日相当の時間をスマートフォンに費やし、少なくとも毎日一五〇回はスマートフォンをチェックしている。モバイル機器、パソコン、タブレット、テレビも含めると、一〇代の若者は一日に約九時間、画面を見つめて過ごしているのだ。[4] さらに、画面を閉じているときでさえ、メディアは、とくに広告やマーケティングのかたちで、私たちの視界に入り込んでくる。そして、私たちはたいてい、これらを疑うことなく受け入れている。コミュニケーションの多くがメディア化されたものであるという事実は、ほとんど注目されないのである。メディアは本当にありふれたものであり、平凡な存在だ。多くの人はメディアから逃れることを望んでいない。あるいは、そういう力を持っていない。

もちろんこうした事例は、モバイル機器、とくにスマートフォンの出現とともにいっそう増えてきた。大画面の前に座っているときだけでなく、私たちは今やいつでもどこでも、さまざまな種類のメディアにアクセスできる。だが同時に、こうした機器は強力な監視手段にもなる。

それらは、私たちに関する大量のデータを収集することが可能で、第三者に売ることができる。広告主やマーケティング担当者たちにだけではない。政府や政党、雇用者や就職先、警察やさまざまなセキュリティ企業などに売られるのだ。

日常生活におけるメディアの存在を数値化する方法はいくつもある。インターネットだけに目を向けても、その莫大な活動量は尋常ではない。ここ数年、テクノロジー産業の研究者であるロリ・ルイスとチャド・カラハンは、「インターネットで一分間に起きていること」を示すインフォグラフィックを毎年作成している。[5] 二〇一八年の一分間平均では、一億八七〇〇万通の電子メールが飛び交った。その他に、一八〇〇万件のワッツアップ（WhatsApp）のメッセージ、三七〇万件のグーグル（Google）検索、一〇〇万人近いフェイスブック（Facebook）へのログイン、四三〇万本のユーチューブ（YouTube）動画の視聴、約五〇万件のツイート（Twitter）、二四〇万件のスナップ作成、[3] 三七万五〇〇〇回のアプリケーションのダウンロード、そして二五万時間以上のネットフリックス（Netflix）視聴があった。他のことはさておき、エネルギー消費の点でこの活動の需要は驚異的だ。最近おこなわれたある推計によれば、二〇二五年までに世界の電力消費の五分の一がインターネットに接続された機器で占められる可能性があるという。[6]

こうした事態を理解するもうひとつの方法は、個々の利用者の観点からとらえることである。

一〇代とソーシャル・メディア、テクノロジーに関するピュー研究所の年次報告書は、信頼できるひとつの指標を提供している。[7] たとえば二〇一八年には、アメリカでは一〇代の九五%がスマートフォンを所持し、四五%が「ほぼ常に」ネット上にいると報告している。さまざまなサービスの人気は年々変化しており、フェイスブックの人気は下降傾向にある。フェイスブックを定期的に利用していると答えた人は、半数に過ぎない。それに比べ、ユーチューブを利用している人は八五%、インスタグラム（Instagram）やスナップチャット（Snapchat）を利用している人は約七〇%である。イギリスのメディア規制機関であるオフコムが実施した年次調査からも同様のことが明らかになっているが、その調査では「旧来の」メディアにも焦点が合わせられている。二〇一七年には、一二～一五歳の九五%が週平均二一時間、インターネットを使っていた。九一%が週平均一五時間テレビを見ており、八三%が自分のスマートフォンを持っていた。[8] この調査では、とくに年齢の高い子どもにおいて、テレビ放送から（タブレットを含む）もっと新しい機器やユーチューブへの移行が続いていることが確認された。ここでもスナップチャットのような新たなソーシャル・メディアが徐々にフェイスブックに食い込んできている。もちろん、年齢、社会階級、性別による違いはあるが、おおむね、今日の若者たちが、睡眠も含めた他のどのような活動よりも、メディアとの関わりに多くの時間を費やしていることは明らかだ。

これらの数字は、メディアやテクノロジーへのアクセス度が高い国（世界一高いというわけではないかもしれないが）のものである。この点で、世界には無視できない大きな不平等がある。それにもかかわらず、こうした世界的傾向は容赦なく強まっている。[9] 南アフリカ、ブラジル、インドのような大きな開発途上国のインターネット利用者数は、とくにスマートフォンの出現とともに急速に増えている。二〇一八年には初めて、世界人口の半数以上がインターネットに接続可能となるだろう。

そしてこの事態を検討する第三の方法は、これらのデジタル・サービスやプラットフォームを所有し、提供する企業の側からとらえることである。そこでわかるのは、たった四つの主要企業のあいだで、独占に向かう急速な成長の傾向があるということだ。フェイスブックは全世界人口の約三〇％にあたる二二億人のアクティブユーザーを抱えているとしている。これに匹敵する社会的なネットワークは他にない。フェイスブックはインスタグラム（利用者数五億）、ワッツアップ、メッセンジャー（Messenger）など、いくつかのSNSを所有している。二〇一七年にはいくつかのトラブルがあったものの、利益は約六〇％増という急上昇を続けて一六〇億ドルになり、総売上高は四一〇億ドルとなった。二〇一六年、世界経済フォーラムは、フェイスブックが国家であるならば、それは中国よりも大きい国であると発言した。[10]

同様に、グーグルはオンライン検索市場の九〇％強（毎日三五億件の検索）を占め、市場を支配している。これもまた、他のプラットフォームは比較するとまったく取るに足らない。グーグル（または親会社のアルファベット）は世界最大のメディア企業であり、最大のライバルであるディズニーの二倍以上の収益を上げている。アルファベットはユーチューブも所有している。ユーチューブは動画や音楽配信の市場を牽引する企業であり、マルチメディアサイト市場の約八〇％を占めている。フェイスブックとグーグルでオンライン広告費の八五％近くを占め、これは全世界のメディア広告費の四分の一にあたる。

一方、アマゾン（Amazon）はオンラインの小売りビジネスを支配するようになった。二〇一七年の年間売上高は約一八〇〇億ドルで、世界で四番目に価値の高い企業となった。アマゾンは現在、アメリカ市場のほぼ半分を支配し、オンラインショッピングが実店舗に取って代わりつつある。アマゾンの広告収入は毎年約六〇％の割合で増加している。また、あらゆる種類のメディア・コンテンツの制作、出版、流通もおこなっている。アマゾンの創設者で最高経営責任者のジェフ・ベゾスは、まぎれもなく世界で最も裕福な人物だ。四つ目に挙げる企業、アップル（Apple）はいうまでもなく基本的にはハードウェア企業であり、端末の開発・販売で大成功を収めている。二〇一六年、アップルは一〇億台目のiPhoneが売れたと発表した。アップルはまた、音楽配信、ウェブサービス、オンラインゲーム、動画配信などの競争の激しい市場でもキー・プレイヤーである。二〇一八年には、世界初の一兆ドル企業となった。

ＧＡＦＡ（ガーファ）と呼ばれることもあるグーグル、アップル、フェイスブック、アマゾンの四社は、それぞれに異なる歴史、市場イメージ、企業戦略を持っているが、いずれも過去一〇年ほどのあいだに驚異的なスピードで成長してきた。[11] ここにマイクロソフト（Microsoft）やＩＢＭなどの有名企業や、ネットフリックスやツイッターなどの新興企業を加えれば、デジタル技術やサービスの世界市場のほとんどすべてを網羅することができる。[4] これらは世界で最も収益性の高い企業であり、その収益を維持しようといそしんでいる。

私はあとでこれらの問題に立ち返るつもりだが、ポイントは、これらの企業がたんなるテクノロジー企業ではなく、メディア企業でもあるということだ。インターネットを通じて、とりわけデジタルなプラットフォームやサービスを介して、私たちはますます、あらゆる種類のメディアにアクセスするようになっている。これらの企業は、たんにテクノロジーとしてのハードウェアやソフトウェアを提供しているだけではなく、現代生活に欠かせない表現やコミュニケーションの手段もどんどん提供している。かつてレイモンド・ウィリアムズは、テレビとはたんなるテクノロジーではなく、意味や快楽をもたらす文化的形態でもあると言った。[12] 同じように、フェイスブックやツイッター、インスタグラムのようなサービスは、たんなるコンテンツの配信手段ではない。コンテンツ、およびコンテンツと私たちとの関わりを独特の方法で枠づける、ひとつの文化的形態でもあるのだ。

ここまで私がおもに語ってきたのは、デジタル・メディア、とくにインターネットについてである。しかし、「新しい」メディアと「古い」メディアの違いだけでなく、その連続性を認識することが重要だ。デジタル・サービスやプラットフォームは、新しいかたちの表現やコミュニケーションのための場であるが、テレビ、映画、音楽、文章などの「旧来の」メディアの配信にも利用されている。実際、私が言及した企業の多くは、たんなる出版社や流通業者に留まらず、それら自体が（映画やテレビ番組などの）「古い」メディアの制作者になりつつある。新しいメディアと既存のメディアは重なり合い、相互に関連しているのだ。とりわけ教育の文脈では、個別的にも全体的にも考える必要がある。

　すでにおわかりかもしれないが、私たちはこれらのメディアをいくつかのレベルで理解する必要がある。利用者の観点からは、これらのメディアをコミュニケーションや娯楽、学習などに用いられるサービスや製品としてとらえることができる。しかし、すでに示したように、制作者や所有者の側から、商業的利益を生み出すサービスや製品としてもとらえる必要がある。私たちはいくつもの実践——利用者と制作者がなにをしているのか、どのように、そしてなぜそのようにしているのか——を検討する必要があるのだ。また、利用者と制作者が生産し、シェアし、消費している実際のコンテンツも検討する必要がある。現在のメディア状況には、誰もが関わっている。メディアを理解するとは、もはや「マス」メディアや大企業の生産物のことだけではなく、私たち個々人がなにを作ったり制作しているのか、コミュニケーションのためにどのようにメディアを用いているのかを理解することでもあるのだ。

こうしたことを、なぜ、教育の問題として考える必要があるのか。一部の人々――その多くは政治家なのだが――はいまだに、教育を社会的・文化的変化から子どもたちを守る砦のようなものととらえている。彼らは、教室にメディアを持ち込むことは悪魔と契約を結ぶようなものであり、メディアに関するあらゆる教育は当然「やさしい科目」〈5〉であるべきだと主張する。しかし、私が述べてきた状況を無視するなら――メディアはたんに時間を浪費するつまらない趣味であるとか、若者の学びとは無関係であるとかいう態度をとろうとするなら――、教育そのものが若者と無関係なものになってしまうだろう。

この宣言書は、現代において市民であるための根本的な必要条件としての、ひいてはあらゆる教育システムにおける基礎的な権利としての、メディア教育のあり方を示すものだ。ただし同時に、私独自のメディア教育のとらえ方を主張してもいる。すなわち、メディア教育は、メディアやテクノロジーを、教具や教材、データ収集のための機器として使う営みではない。メディアが若者たちに促すさまざまな「悪いおこない」を警告することでもない。たんに技能を発達させたり、自己表現の機会を与えたりすることでもない。私が提唱するメディア教育は、おもに、批判的理解を発達させる営みに関わるものなのである。

2 利害を超えて

メディアは子どもにとってよいものなのか、それとも悪いものなのか。若者たちとメディアについての議論は、恩恵かリスクかの二者択一で語られることがあまりにも多い。この観点からいえば、教育の役割は、メディアの恩恵を最大化し、潜在的なリスクを最小化することである。これは当たり前で、常識的な戦略のように思われるかもしれないが、恩恵ばかり唱える議論も、リスクばかり唱える議論も、それぞれの強調点と論点のとらえ方自体にそもそも問題があることを指摘したい。こうした議論には非常に長い歴史があるが、ここではおもにインターネットとソーシャル・メディアの効果についてのお決まりの主張を検討してみよう。

現時点で、インターネットやソーシャル・メディアの起源を顧みることから学べることは多い。インターネットやホーム・コンピューティングの先駆者たちの多くは、一九六〇年代後半におけるヒッピーのカウンター・カルチャーのなかから現れたか、その影響を強く受けた。[13] スチュアート・ブランドの『ホール・アース・カタログ』（初号は一九六八年刊）のような出版物には、オルタナティブなコミュニティを構築し、個人の解放をもたらす手段としてのネットワーク・コミュニケーションに関する萌芽的な思想を見出すことができる。教育に関しても、一九七〇年に出版されたイヴァン・イリイチの『脱学校の社会』[14] などの本で、類似した考え方が表明された。イリイチは、学校は基本的に権威主義的な機関であり、分散化されたインフォーマルな学習ネットワークに取って代わられなければならないと主張した。いずれの出版物も、インターネットについて、それがついに姿を現す何年も前から予期していたかのようだ。皮肉なことに、インターネットはこうしたユートピアの思想家たちが激しく反対した、一種の軍産複合体の産物として登場したのだが。〈6〉

一九七〇年代から八〇年代の歴史をたどってみれば、こうしたカウンター・カルチャーの理想が、次第に新たな起業家的資本主義と融合し、テクノロジーを社会的解放の手段とみなす独特のレトリックを創り出していったことがわかる。それは「カリフォルニア・イデオロギー」[15]〈7〉と呼ばれている。このイデオロギーは、たとえばアップルの創始者スティーブ・ジョブズのアプローチにも明らかだった。そして、二〇〇〇年代初頭のITバブルの崩壊と、「Web2・0」(今ではソーシャル・メディアと呼ばれている)の出現によって、それは事実上、復活した。このような考えは、マーク・ザッカーバーグの「コミュニティ」についての主張や、グーグルの企業スローガン「邪悪になるな」に、今でもある程度見て取れる。

初期の提唱者たちにとって、新しいデジタル・メディアの恩恵は広範囲に及ぶはずのものだった。新しいデジタル・メディアは、人々が史上かつて経験したことがない膨大な量の情報へアクセスすることを可能にするはずだった。個人や集団の連絡やネットワークに新たな可能性を提供し、新しい社会性、相互扶助、協働のあり方をもたらすはずだった。市民参加と市民活動の新たなかたちを育み、民主主義政治を再活性化し、グローバルな相互理解を促すはずだった。そして小さな企業や先見性のある起業家たちに新たなチャンスをもたらし、ビジネスの革新をもたらすはずだった。学び、創造性、自己表現や相互交流の可能性は、無限大であるかのようだった。

メディアについても、テクノロジーが、メディアの生産者と消費者の権力関係について、その区分そのものが無効になるほどの、劇的な変化を引き起こすだろうと言われていた。デジタル・テクノロジーは、メディアの数を著しく増やすだけではなく、コミュニケーションの根本的な民主化をもたらすだろうとされていた。すべての人々が自律的にメディアの生産者になるための力を与えてくれ、メディアの生産者が新たなオーディエンスをとらえ、オーディエンスが生産者に物申す機会を与えるとも言われていた。そうしたなかで、メディア・テクノロジーは創造的な表現の新たな機会をもたらすであろう、伝統的なジャーナリズムを再活性化し、あらゆる種類の新たなメディアのかたちを生み出すだろう、と考えられていたのだった。

これらの思想には、一種の「サイバー・ユートピア主義」という絶妙な命名がなされてきた。たしかに、テクノロジーが私たちを完全に自由にしてくれるという主張には、否定しがたい魅力がある。しかし、こうした考え方はせいぜい希望的観測に過ぎない。それらは技術決定論でもある。つまり、テクノロジーがどのような文脈で使われ、どのような目的で使われるかということに関係なく、テクノロジーの過大な力が社会変革をもたらすと考えるのだ。

多くの評論家は、このような主張について長らく懐疑的であった。そして、二〇〇〇年代初頭から、この種のユートピア的思想は、ますます支持されなくなってきた[16]。世界的には、デジタル・テクノロジーの利用には依然として大きな格差が存在しており、それは経済的、政治的格差を色濃く反映している。提唱者たちが賞賛するような、表現力あふれるクリエイティブな方法でテクノロジーを使っている人などほとんどいない。ソーシャル・メディアの世界でリーダーやインフルエンサーとして成功を収められるのは、社会生活の他の場面ですでに大きな特権を享受している人たちに限られるのだ。デジタル・メディアは、民主主義を促進するどころか、幅広い反民主主義勢力のプロパガンダの手段として利用されており、進歩的な活動家にだけ利用されているわけではない。「インターネット革命」と称されたものは短命だったことが明らかになり、今や極右集団がオンライン上で強大な勢力となっている。小さな企業がエンパワーされることもなく、デジタル経済は少数の巨大グローバル企業によってますます支配されるようになっている。ジャーナリズムが活性化されるどころか、新しいメディアはその終焉を急かしているだけのようだ。新しいメディアは、ジャーナリズムというものを虚偽や独善的見解、有名人への空虚な執着に置き換えているだけだという人もいる。

それにもかかわらず、初期のユートピア思想は、教育分野においても非常に大きな影響力を持ち、かなりの部分でその状態が続いている。[17] テクノロジー業界は、教育を強力に推進してきた。教育を常々、収益性が高い市場とみなしてきたからだ。たとえばアップルは、革新的でクリエイティブな教育企業として自社をブランディングすることに成功してきた。あからさまな広告によってだけではなく、教師や研究者たちへの組織的な資金提供と、教育業界内部に入り込む営業担当者たちによってである。

ここでも、非常に熱狂的な技術決定論――テクノロジーが学びを変革し、学習者を解放し、より民主的な教室を生み出すという一連の主張――を見出すことができる。そのような主張は、一九六〇年代や七〇年代のカウンター・カルチャーにまでさかのぼる進歩主義、児童中心主義の教育理論をよく利用する。コンピュータというものは、子どもたちをもっとクリエイティブにし、自立させ、彼らの問題解決能力を高めるものであるかのようだ。たとえばプログラミングを学ぶことで、これからのグローバル経済における就職難に効果的に備えることができるのだという[18]。テクノロジーは、教師たちを無駄な存在にするだけだと主張する者もいれば、教師たちを解放してより革新的でエンパワーできる存在にするのだと唱える者もいる。これからみていくように、「創造性」と「参加」の価値を称揚したいメディア教育者たちは、これらの主張を部分的に支持している。

　そのような目的は望ましいものなのかもしれない。だが、ここでもまたユートピア的な言い回しと現実とのあいだに大きなギャップがある。最もユートピア的な提唱者であっても、学校では非常に狭い範囲の学習形態（「ドリル学習とスキル学習」）を促進するためにテクノロジーが頻繁に利用されていることを認めなければならないだろう。デジタル・テクノロジーは、テスト、行動管理、監視に対する非常に効率的な手段を提供しているが、解放したりエンパワーすることはほとんど実現されていない。ユートピア的な主張を裏づける根拠の多くは、ほとんどの学級にある制約された日常性とはかけ離れた作為的な状況に由来しているのである。

　ところが近年、こうした肯定的な主張に対して、メディアの否定的な影響に関する議論が増えている。その主眼はリスク、つまり害悪の可能性である。もともと、若者に関する論議の多くは、「不適切な」コンテンツに対処するためのものであり、とくにインターネットの経済的拡大を促進するおもな要因となっているポルノ・コンテンツの入手のしやすさに関するものであった。[19] もうひとつ、非常に懸念されていたのは、子どもたちがオンラインで性的虐待の被害にあう危険性に関することだった。評論家のなかには、インターネットは小児性愛者の遊び場に過ぎないという者もいる。最近では、この懸念はやや拡大し、ネットいじめ、「セクスティング」〈8〉、オンライン上で子どもを性的対象として見ることの問題にも焦点をあわせるようになった。自撮り写真やSNSのプロフィールを通じて、若者たちは自分自身の純真さを汚してしまっているとみられている。同時にSNSの過剰な利用は、うつ病や自尊心の低下など、精神衛生にさまざまな悪影響を与え、さらには自殺のリスクを増大させると考えられている。[20] とくに若者はスマートフォン「中毒」だと非難されており、そうした症状を治療するためのさまざまな心理的、技術的介入が現在では利用できるようになっている。

こうした不安の対象は若者だけではなく、より幅広い世代の人々にもあてはまる。最近は「フェイクニュース」や、オンライン上の虚偽情報に関する懸念が高まっている。クリックベイト〈9〉や炎上、ヘイトスピーチ、あるいは秘密裏におこなわれる監視、プライバシーの侵害、プロパガンダやインターネットの過激化、そして価値ある政治的議論を促進するどころか制限してしまう「フィルターバブル」〈10〉の危険性について、問題視されているのだ。ここでも問題点を長々と書き連ねることは簡単にできる。しかし、これらの主張に典型的なのは、あらゆる問題のおもな原因はテクノロジーそのものであるという見方である――それゆえ、なんらかの方法でテクノロジーが取り除かれたり制御されたりすれば、多くの問題は解決するだろうというのだ。これもまた、技術決定論なのである。機械が私たちを奴隷化し、ダメにするだろうという考えと、機械が私たちをエンパワーし、解放するだろうという考えはコインの表裏でしかない。

こうした懸念は、先ほど説明したユートピア的な語りを弱体化させるようにみえなくもないが、用心しなくてはいけない。メディアの恩恵を主張することと同じように、悪影響についての多くの主張は、じつはこうしたメディア現象のある部分や限られた範囲内での主張であり、わずかな根拠によって裏づけられているに過ぎない[21]。それらは激しい論争を呼んでいるものの、多くの場合、(たんなるリスクの可能性ではなく)実害があったという証拠はほとんどあやふやなものである。こうした研究の多くは、いかがわしい心理学的領域と作為的な手法に基づいているのだ。ほとんどは、因果関係についての確かな証拠となるものではなく、変数間の相関関係をよりどころにしたものである――それにもかかわらず、メディアの悪影響を示す研究結果がメディア上で報道されるときには、相関する範囲が限定的だということは無視されることが多い。かくして、ソーシャル・メディアを頻繁に利用する若者たちは、抑うつや自尊心の低下に陥りやすい傾向があると思われてしまう。しかし、なにが原因かを見極め、関係しうる多くの要因をとらえるには、一回だけのアンケートなどでは足らず、はるかに多くの調査が必要である。

メディアを非難することは、新たに明らかになった社会問題に対するよくある反応だ。新たな社会問題を不安に思うことには、長い歴史があり、ビデオゲーム、テレビ、マンガ、映画、大衆文学などのメディアにまでさかのぼることができる。[22] 現代の議論には、過去においても高まった懸念の波と同じように、度を超えて危機感を煽る警鐘主義や妄想症の危険さえあることはまちがいない。そうした不安は、とんでもない情報に踊らされた有識者や政治評論家によって煽られがちであり、さらにはそれによって大儲けができるインターネット・セキュリティ産業も一役買っている。インターネットを、一部の若者が「過激化」していることや、その世代全体の「ウェルビーイング」がはっきりと低落していることの原因だとして悪者扱いするのは――最近、イギリスの政治家たちがやっていたことだが――、きわめて複雑な社会現象に対して単純な説明を与えているに過ぎない。

このような議論は、過度にメディア中心的であり決定論的である。それらにおいては、メディアの特性（多くの場合はたんなるメディアの潜在的な性質）の分析だけに基づいて、メディアの影響が語られがちである。人々のメディアの利用が、単純な因果関係の問題としてとらえられやすい。メディアの「功」と「罪」は、たいていは互いに切り離され、より広い社会的、文化的、経済的な展開からも引き離されて考えられがちである。こうした議論は、根本的に防御的な、あるいは保護主義的なアプローチへと向かう。（二〇一八年に当時のイギリス保健大臣によって提案されたように[23]）子どものソーシャル・メディアの利用時間に政府が制限を課すことは、法的強制力を持たない幻想であるだけではない。政府が取り組もうとしない、あるいは取り組めない他の問題から注意を逸らすために好都合なのだ。あとで触れるように、メディア・リテラシーという考えもよく引き合いに出される。子どもたちにメディアについて教えることは、有害な影響に対する一種の解毒剤とみなされるようになってきている。

こうした議論には限界がある。とはいえ、すべてをたんなる「モラル・パニック[24]」、つまり無知や不合理の現れだとして退けることが有効だとは、私は思わない。歴史を理解することは重要だが、私たちがこれまでのすべてをわかっていると言うのはまちがっている。メディアをめぐる懸念は、その時々で取り沙汰されるメディアごとの特性によって異なる。深刻に受け止めるに値する社会変化をめぐるより大きな不安を反映しているものでもある。私は、メディアに力があるのかどうかを問うからといって、メディアにはなんの力もないのだと言いたいわけではない。また、功罪に関するこうした議論が、取り組むべき重要な問題を提起してはいないなどと説きたいわけでもない。個別のメディアが、特定の状況にある特定の人々に、恩恵やリスクをもたらす可能性はたしかにある。しかし、そうしたリスクや恩恵は、メディアに接したことの直接的な結果ではないのである。そう考えると、多くの場合、功罪の予測を立てることは単純でも簡単でもない。

実のところ、学術研究は、メディア利用のリスクと恩恵は密接に結びついていることを示唆している。つまり、最も熱心な（それゆえ、恩恵を最も享受しやすい）利用者は、最もリスクにさらされる確率が高いのである。(25) 潜在的な恩恵を減らすことなく、リスクを最小化するのはむずかしい。さらに、リスクに気づくことが必ずしも被害の回避につながるわけでもない。安全のためになにをすべきか、原理としてわかっていることと、実際になにをすべきかということは別問題なのである。一人ひとりに合わせてそれらのバランスを取ってくれるような単純な方程式など存在しない。なにが是であり非であるか（「功」か「罪」か）は、文脈や利用者の目的によって異なるのだ。

このように功罪に焦点をあわせることで、教育者が取り組むべき重要な懸念が明らかになる。しかしながら、それは限られた範囲の問題に注意を向けがちだ。メディア利用をリスクか恩恵かという二項対立図式でとらえることは、人々の日常的実践の本当の複雑さや多様性を無視している。これから検討するように、この図式は教育上の対応を、単純で断片的な矛盾したものにしがちだ。若者のメディア・リテラシーを向上させることは、これまで述べてきたようなメディア環境の変化において、きわめて重要かつ緊急の課題である。メディア教育には、より一貫性のある包括的なアプローチが必要である。

3 メディア・リテラシーの限界

一九九〇年代後半以降、世界中の政府や規制機関はますますメディア・リテラシーという考えに夢中になるようになった。メディア・リテラシーはいいことだとおおむね認められている。というのも、メディア・イリテラシー（メディア・リテラシーを身につけていないこと）について誰も論じようとはしないのだから。しかしメディア・リテラシーとはなにか、なぜそれが必要とされるのか、どのように発展させればよいのかについては、さまざまな見方がある。政策立案者がメディア・リテラシーをほめそやしても、この概念はたいていあいまいに定義されている。メディア・リテラシーは、具体的な取り組みというよりも飾り立てたジェスチャーのようなもののようにみえる。

原理的にみて、メディア・リテラシーの必要性に異を唱えることはむずかしい。メディアは、現代生活において避けて通ることのできない重要な一部だからだ。メディアは、政治、経済活動、公共的コミュニケーション、芸術・文化、個々人の人間関係の、そして最近では私たちの親密な私生活の、中心となっている。健全な民主主義には、十分な情報を持ち、見識のあるメディア利用者が必要であり、市民社会に参画する能動的な市民や、熟練した創造的な労働者が不可欠である。このように考えると、メディア・リテラシーは生きていくための根本的な技能だといえる。私たちはそれなしではやっていけないのだ。

というようなことは、どうみてもうわべだけのレトリックであろう。そのうえ実際には、メディア・リテラシーの理論的根拠は、功罪の観点から理解されることがほとんどである。先に述べたとおり、テクノロジーがもたらす教育的恩恵をほめちぎる人々は、こうした恩恵はテクノロジーそのものが当然のようにもたらす結果とみなしがちである――なかには生徒たちの「デジタル・リテラシー」やら「情報リテラシー・スキル」やらを育成しなければならないことを理解している人々もいることはいる。この流れでいえば、メディア・リテラシーはおもにテクノロジーの効用を最大化する手段とみなされる。メディア・リテラシーは基本的に道具的であり、ハードウェアとソフトウェアを扱うための機能的な技能をめぐることがらである。生徒がテクノロジーを批判的に考えたり、テクノロジーによって手に入るようになった情報を吟味する必要性に言及することはほぼない。加えて、このアプローチでは、若者たちが学校教育の枠組みの外でどのようにメディアを使っているかを理解できないことが多い。教師は、プログラム言語を書いたり、ウェブブラウザを使って効率よく検索することを教えるが、彼ら／彼女らが、たとえばソーシャル・メディアやコンピュータ・ゲームをふだんどうやって使っているかを見落としてしまいがちだ。

他方でメディア・リテラシーは、リスクに対処したり防いだりする手段のひとつともみなされている。このアプローチは、メディアに関わるあらゆる社会的、心理的病理に適用される。人々が暴力、性的対象化、肥満、ドラッグ、消費主義、その他あらゆる社会問題を憂うとき、メディア・リテラシーはそれらに対処する手段を提供するものとみなされがちである。このロジックがはっきりと見て取れるのは、メディア・リテラシーを暴力防止のための方策として用いる場合で、このアプローチはとくにアメリカで広く採用されている。この観点によれば、メディアは暴力的なふるまいのおもな原因とみなされる。メディアについて子どもに教えれば、簡単にその影響を受けにくくなり、それによって現実生活で暴力行為をおこなう傾向を減らすことができると考えられている。しかし、これまでの研究が明らかにしているとおり、社会における暴力は多様かつ複雑な原因を持っており、単純にメディアだけによって引き起こされるものではない。生徒に映画はまちがった教訓を与えていると教えても、ある種の人々が提唱するようにテレビを見ることやソーシャル・メディアの使用をやめさせたとしても、暴力が減ることはないだろう。[26]

同様にインターネットについていえば、私たちは子どもたちに、いかにしてネット上で安全にいられるか、どうすればプライバシーを守り、「好ましくない」コンテンツを避けられるか、どのようにフェイクニュースと事実を見分けるのかを教える。この観点からすれば、メディア・リテラシーは基本的に自己防衛や自主規制の問題だということになり、それは善きふるまいのために一連のルールを内面化することについての営みということになる。こうなるとメディア・リテラシーは、保護主義的、防御的アプローチになってしまう。子どもたちは、オンライン上にはさまざまな危険があるぞと警告され、それらを特定したり避けるためのテクニックを与えられる。しかしこの類いのアプローチは効果的でないばかりか逆効果であることさえ多く、くり返せば、日常生活にメディアの悪影響が及んでいるという証拠はほとんどない。この考え方を支持する者たちは、なぜ若者にとってこれらのメディアが抗いがたく魅惑的なものなのかを理解できないことが多い。このようにみてくると、保護主義者的アプローチは「禁断の果実」[27][11]を与えることにさえなりかねない。

メディア・リテラシーへの関心が高まっている理由は、より幅広い政治的文脈のもとで理解される必要がある。二〇〇〇年代初頭以降、各国政府はメディア規制をますます渋るようになってきたが、それはイデオロギー的に「自由市場」主義に傾いているからだけではなく、新たなテクノロジーが国家による集中管理の試みを無効にしつつあるためでもあるようだ。メディア企業は当然ながら規制に反対するものであり、とくにソーシャル・メディアの場合には、コンテンツに対して責任を持つことは彼らのビジネス・モデルを根本からだめにすることを意味する。こうしてメディア・リテラシーは、都合のよい――いかにも人々を「エンパワーしている」ようにみえる――、国家規制のオルタナティブとなっているのだ。

しかし、このアプローチもまた、政府から個人へと責任が委譲されることを示している。それは、社会政策の多くの領域でますます幅を利かせていて、このことを「責任化」現象と呼ぶ学者もいる。(28) 新自由主義の教えに従えば、市場とは市民/消費者のニーズに応じる最も効果的な手段であり、政府による規制という「お荷物」はできる限り軽減されなければならない。そのため人々は、自分のことは自分でやれるようになる必要がある。メディアに関していえば、私たち一人ひとりが、より商業化し、より技術的に複雑化するメディア環境によってもたらされる問題に対応する責任をとらなくてはならないのだ。こういう調子で個人をエンパワーすることは民主的な動きにみえるかもしれないが、その過程で、社会的な利益、公共的な利益などという、より大きな概念は消え去ってしまう。

イギリスのメディア・リテラシー政策の筋書きは、以上のようなアプローチが発達する動機や、それらがもたらすいくつかの問題を例証している。[29] メディア・リテラシーという用語は、アメリカではより長い歴史を持っているものの、イギリスの政策論議においては一九九〇年代後半になるまで注目を浴びてこなかった。フィリップ・ローレンスという、ロンドンのある学校長が一五歳の少年によって学校外で刺殺された事件は――殺人者の動機にメディアはいかなる影響も与えなかったようにみえたにもかかわらず――メディアの暴力がもたらすインパクトについてのいかにもお決まりの議論をもたらした。ある放送事業の規制官は、政府はメディアをさらに監理するより、メディア・リテラシーを中央集権的な規制に代わりうるものとして活用する可能性を検討すべきだと提案した。その発想は、有害なメディアの影響から子どもたちを保護するという、とても古臭い考え方に端を発しているが、メディア・リテラシーに対する政治的関心は、より現代的であり、より保護者統制主義的（保護しつつ支配する関係）ではないアプローチを反映しているようにみえた。

二〇〇〇年代初頭、メディア・リテラシーは数ある政策のなかで最も二〇〇〇年代らしい話題のひとつだった。二〇〇三年のイギリス通信法によって、オフコム（the Office for Communications）という、放送などのメディア事業と通信事業の規制監督をまとめておこなう、新たな「スーパー規制機関」が設立された。オフコムには、メディア・リテラシーを「促進する」資格が授与されており、同様の条項はＢＢＣを規律する憲章にも盛り込まれている。にもかかわらず、二〇〇三年通信法は規制緩和のためのものであることには留意すべきだ。同法は、さまざまなやり方でイギリスのメディアを市場原理に従わせ、政府による中央集権的な監理をなるべく減らそうとしていた。メディア・リテラシーの導入は、この企図によって生じうる諸問題への対症療法だったのである。

　だが、労働党〔当時の政権党〕の一部の政治家（そして数多くの教育者たち）にとって、メディア・リテラシーとは幅広い教育上の課題、すなわち社会において人々がメディアとその役割を批判的に理解できるようになるためのプロジェクトを意味していた。たとえば、二〇〇四年、文化長官のテッサ・ジョウェル[12]は次のように語った。「これからの社会において、メディア・リテラシーは数学や科学と同等の大切な技能となるだろう。私たちの生活にとってメディアを読み解くことは、文学的素養が文化的生活に欠かせないのと同じように重要になるだろう[30]」。ジョウェルは、ナショナル・カリキュラム[13]のなかにメディア・リテラシーを組み込む必要があると指摘し、それが実現可能ないくつかの領域を指し示した。数十年にわたってそのことを求めてきた私たちにとって、これは空前の展開だった。

　しかし実際には、そのようなことはなにも起こらなかった。それからわずか五年後の二〇〇九年には、政府の報告書『デジタル・ブリテン』はメディア・リテラシーを「技術官僚と専門家の用語であり、政策立案者には理解されているが、日常的な言葉にはなっていない」と断じ、[31]「デジタル参加のための国家計画」というプランに賛同してこの言葉を切り捨てるよう提案した。メディア・リテラシーに関するオフコムの取り組みの範囲は大幅に縮小され、オフコムの使命はまだ生きてはいるものの、実施に移されることはまずない。

メディア・リテラシーの終わりは、政策決定そのものの力学の観点から部分的に説明することができる。この用語は通信法では実際には定義されておらず、オフコムはこの領域での活動の焦点と範囲を決定することを任されていた。オフコムはオープンかつ慎重にこの決定を下したものの、規制当局としてのその権限は、テッサ・ジョウェルらが思い描いた幅広い教育的アプローチよりも当然ながら狭いものだった。他の多くの政策理念と同様に、メディア・リテラシーは、結局のところ何の役に立つのかわからない提言になってしまった。そして一〇年が経つにつれて次第に露わになった問題は、オンライン上の小児性愛者やポルノの問題、そして社会で周縁化された人々のテクノロジー利用を促す必要性だった。やがてメディア・リテラシーは、オフコムのメディア・リテラシー責任者であるロビン・ブレイクが後に言うところの「インターネットの安全性とおばあちゃんのオンライン化」へと縮減の一途をたどった。[32]メディア・リテラシーという拡張的な教育的概念は、結局のところ、技術的スキルというより縮小された機能的な概念や、オンライン上の安全性について「なにかやっている」とみなされる必要性に取って代わられたのである。ここでもまた、ロジックは功罪のロジックになりはてた。

しかし、メディア・リテラシーが放棄されたより根本的な理由は、教育政策立案者たちがこの考えに取り組まなかったことにある。彼らはメディア教育、とくにメディア研究という専門科目に対して、ほとんどの場合、抵抗し、時にはあからさまに敵対的だった――この敵意については終章で詳しく考察する。一方、識字教育《リテラシー》自体も、二一世紀に入ってから着々と再定義が進み、メディアに関する考察はもちろん、読み書きの機能的スキルを超えた概念をますます排除するようになってきている。

結局のところ、イギリスにおけるメディア・リテラシー政策の運命は、たとえ政府が折に触れてこれには意義があるとリップサービスをしたとしても、市民がメディアに対して批判的な姿勢をとることをはたしてどこまで望んでいるのかという問題を提起している。だが近年、イギリスではメディア・リテラシーはいくぶん衰退したかもしれないが、世界の他の多くの国々では、メディア規制当局の関心が高まってきている。また、たとえばユネスコの「メディアと情報リテラシー」に関する活動[33]や欧州委員会の活動のように、メディア・リテラシーは国際的な政策のひとつでもある。ここでも、立派な言葉がちりばめられている。たとえば、「情報社会とメディア」に関する前欧州委員会担当委員であるヴィヴィアン・レディングは、二〇〇七年に次のように述べている。

デジタル時代において、メディア・リテラシーは、完全で活動的なシティズンシップを獲得するために不可欠である〔中略〕読み書き能力、すなわち伝統的なリテラシーは、もはやこの時代に十分ではない〔中略〕（老いも若きも）誰もが、われわれが生きる新しいデジタル世界を把握する必要がある。そのためには、継続的な情報提供と教育が規制よりも重要である。(34)

ここでもまた、機能的スキルに焦点があてられており、メディア・リテラシーを規制の代わりとする見方がある。ただし、テッサ・ジョウェルのコメントでみたように、能動的なシティズンシップにも注目すべき重点が置かれている。しかし、立派な言葉も行動なしにはほとんど意味をなさず、ここでも進展は非常に遅れている――ただし、EUには国レベルの教育政策に口を出す力がほとんどないことは強調しておきたい。

このような幅広い国際的な文脈のなかで、メディア・リテラシーという言葉はとても扱いやすい言葉のように思われる。非常に多くの個人や組織が、とても多様な文脈で、きわめて幅広い動機を反映して、この言葉を発している。ある人にとっては、人々に基本的な技術的スキルを身につけさせるための言葉であり、またある人にとっては、メディア利用の危険性を警告するための言葉であり、別の人にとっては国の文化遺産を保護するための、また別の人にとっては市民活動を推進するための言葉である。さらにメディア・リテラシーは、創造性、公衆衛生、職業訓練、異文化間対話や世界平和などに関する言葉でもある。この言葉は、しばしば、誰もが望むほとんどすべての意味を持ちうる「心地よい」ものに過ぎないように思われる。

メディア・リテラシーは、現代生活において基本的に必要なものである。メディアはどこにでもあり、私たちはそれらがどのように機能するかを理解し、効果的に利用できるようになる必要がある。私たちにメディア・リテラシーがあれば、そうでなければ阻まれるかもしれない、ある程度の権力とコントロールを行使することができる。しかし、これまで述べてきたように、メディア・リテラシーは、より広範な社会問題に対する個人主義的な解決策として頻繁に提唱されてきた。もちろん、恩恵を最大化し、リスクを最小化することは理にかなっている。人々がテクノロジーの操作方法を知り、オンライン上で安全を確保する方法を知ることは重要だ。しかし、本当の意味でのリテラシーとは、それよりはるかに重要なものなのである。

メディア・リテラシーは、ただメディアを使うことで自然に身につくものではないし、政策立案者のあいまいな善意や、メディア産業の手に委ねられるべきものでもない。メディア・リテラシーを身につけた市民を本当に望むのであれば、必要なのはメディア教育、つまり、すべての人々のための、体系的で十分にサポートされた教育・学習プログラムである。実際には、功罪のアプローチは、表面的で断片的、かつ道具的な「手っ取り早い」解決策につながることが多い。私がここで定義しようとするメディア教育は、より一貫性があり、より挑戦的で、最終的には人々により力を与えるものである。

4 より大きな構図

ここで簡単におさらいをしておこう。私は、メディアの功罪に注目することで、さまざまな重要な問題が明らかになると論じてきた。しかし、このアプローチは、しばしば根本的な原因ではなく、その時々の症状に焦点を合わせているようにみえる。社会におけるメディア利用の全体像を考えるのではなく、公共的に議論される個別の問題を取り上げている。私たちは、ネットいじめやネットの過激化、メディア「中毒」と次々に焦点を合わせるよう駆り立てられるが、若者たちが自分たちの日常のメディア利用をもっと広く分析し、ふり返るように促しはしない。さらに、リスクは潜在的な利益と切り離して考えられることが多い。私たちは子どもたちに対して、一方ではメディアの危険性について警告し、他方ではメディアを利用すること で自律性を発達させることを求めるといったように、互いに矛盾するメッセージを送っている。メディアがコミュニケーションや文化の形態として、また営利産業としてどのように機能しているかについて、子どもたちがより広く批判的な見方を育めるようにしてはいない。

メディア・リテラシーは、リスクを減らしつつ恩恵を最大化する方法、あるいは少なくとも若者がそうすることを可能にする方法を提供しているようにみえる。しかし、実際には、メディア・リテラシーは、インターネットの安全性を促進する活動、あるいは技術的・操作的スキルを身につける営みを意味する、限定的で道具的な用語とみなされるようになってしまった。政策立案者はメディア・リテラシーをたんに中央集権的な規制の代わりとしてしか考えておらず、その取り組みはしばしば美辞麗句を並べた善意の集合に過ぎない。メディア・リテラシーは、メディア教育の体系的で持続的なプログラムなしには、ほとんど意味をなさないのである。

いわゆる「フェイクニュース」の例は、こうした問題を十分に物語っている。[35] メディアにおける偽情報への懸念の高まりは、二〇一六年の米国大統領選挙キャンペーンをきっかけに大きく高まったとはいえ、けっして新しい現象ではない。従来から、より複雑で説明のむずかしい現象について、メディアのせいにする傾向がある。フェイクニュースは、政治家に対する人々の不信感の高まりをはじめとする、政治環境のより大きな変化という症状のひとつである。しかし、フェイクニュースはメディアそのものの変化の症状でもある。新聞やテレビといった「古い」メディアは引き続き役割を担っているが、ソーシャル・メディアは事実関係の報道に関する法的規制をやすやすと回避することができ、噂や偽情報をより迅速に広めるために利用される。フェイクニュースは、クリックベイトのひとつのかたちとみなすことができ、フェイクニュースを流す側とソーシャル・メディア企業自身の両方にとってきわめて有益である。「フィルターバブル」の時代には、既存の信念を追認するような方法でメディア環境を選択し、カスタマイズすることがますますやりやすくなっている。[36] これもまた経済の論理の一環で、すでに確立し固定化された立場や偏見を利用するニュースは、より好まれて共有されやすく、その結果、より多くの収入をメディア企業にもたらすことになる。

フェイクニュースは、より大きな構図の一部でもある。BBCやCNNのニュース報道であろうと、今朝のちょっと空いた時間に投稿したツイートやフェイスブックの更新情報であろうと、メディアは必然的に選択的で部分的なものである。「フェイクニュース」という言葉の大きな問題のひとつは、真実と虚偽を区別するのは簡単なことだという含みがあることだ。区別の過程において、「真実」のニュースは非難されないようにみえる。たしかに絶対的な真実と絶対的な虚偽は存在するが、そのあいだにはとても幅広いグレーゾーンが拡がっている。たんにフェイクや捏造を指摘するのではなく、あらゆる情報源に存在するバイアスを特定する必要がある。
フェイクニュースを規制・撲滅することが、一筋縄ではいかないことは多くの論者が認めるところだ。そこで、ここでもメディア・リテラシーがひとつの代替案とみなされてきた。そのため、一般市民を対象とした啓発キャンペーンがおこなわれ、なかにはソーシャル・メディア企業自身が発表したり、資金を提供したりするものもある。また、多くの国々が、教室で子どもたちにフェイクニュースについて教えるよう呼びかけている。しかし、これはどうみても簡単なことではない。真実と虚偽を見分けるための単純なチェックリストでは、フェイクニュースと効果的に戦うことはできない。メディア（あらゆる形態のニュースを含む）がいかにして世界を表象し、どのように生産され、利用されているかについて、より高度で深い理解が必要である。手っ取り早い解決策ではなく、首尾一貫した教育戦略が必要なのである。

これこそがメディア教育が提供しようとするものである。メディア・リテラシーの重要視は、政策界においては比較的最近のことだが、メディア教育には、少なくともイギリスではずっと長い歴史がある。しかし、メディア教育に対する既存のアプローチのほとんどは、古い「マス」メディアの時代に開発されたもので、今でもおもに映画やテレビ、新聞、広告に焦点をあてている。数年前から、より冒険的な教師たちが、コンピュータ・ゲームやインターネットなどのデジタル・メディアを教育に組み入れるようになった。しかし、メディア教育を現代のメディアの変化に対応させるためには、どこまで、いかなる方法で適用し、拡張する必要があるのかという疑問は残ったままである。

この新しいメディア環境をどのように特徴づけることができるだろうか。「新しい」と「古い」の違いを誇張すべきではないが、これらのメディアの運営のされ方は大きく異なっている。これはたんにテクノロジーの問題ではなく、メディア制作者とメディア利用者のあいだの関係性や契約の問題である。いくつかの重要な例外（公共放送など）を除いて、古いメディアは、コンテンツを視聴者に直接売るか、視聴者を広告主に売ることによって運営されている。場合によっては、その両方をおこなっていることもある。たとえば、私たちは雑誌を買うが、広告主もまたわれわれに彼らの製品を買わせるために雑誌の広告スペースを買っている。対照的に、フェイスブックやグーグルのようなサービスの基本的なビジネス・モデルは、ユーザーに関するデータの収集と販売に依存しており、そのデータを使って広告のターゲットを絞っている。私たちはコンテンツにアクセスできるが、それらコンテンツの少なくとも一部はユーザー自身が作成している。これらのサービスは、利用する時点では無料にみえるが、個人情報へのアクセスを「寄付」することで、つまり許可することで、私たちは事実上その代価を払っているのだ。

こうした新しいメディア企業は、「プラットフォーム資本主義」[14]（あるいは「コミュニケーション資本主義」、または「ネットワーク資本主義」）として知られるものの一例である。[37] 古いタイプの資本主義的事業もまだ健在だが、経済の多くの部門ではどんどんデータを取引するタイプの企業が大勢を占めつつある。私たちがコンピュータやスマートフォンでおこなうクリックはすべて、広告やマーケティング――政治運動も含まれる――で私たちをより効果的にターゲットにするために利用できるデータの一部である。たとえば、フェイスブックは、地理的な位置、ジェンダー、年齢から、政治意識、健康状態、個人的な人間関係まで、各ユーザーのあらゆる情報を網羅した九八もの「データポイント」を所有していると推定される。[38] こうした企業はますます連携しつつあり、私たちの携帯電話のＩＤや、他のオンライン・プラットフォームでなにをしているか、オンライン、オフラインを問わずなにを購入しているかを知っているのだ。ものは考えようで、これには利点もある。企業のアルゴリズムはけっしていつも正確というわけではないが、私たちには無関係だと判断した資料には目を通す必要がなくなるからである。しかし、このプロセスはユーザーにはほとんど見えない。これらの企業が私たちについてなにを知っているか（あるいは知っていると考えているか）を知ることは、簡単ではないが可能である。しかし、私たちは、自分のデータに対する権利を放棄しないかぎり、これらのプラットフォームを利用することはできない。

こうしたなかで時おり用いられるもうひとつの用語、とくに個人データを取引する企業自らが自分たちの事業を指してよく使う言葉が「シェアリング・エコノミー」[39]である。「シェアリング（共有）」という考えは、資源の共同利用や、互恵関係、信頼関係、相互扶助を意味する。シェアリングは、しばしば社会的正義や民主主義に関する議論と近しい関係にある。しかし、シェアリング・エコノミーは別物である。ウーバーやエアB&Bといった企業の略奪的な運営方法が示すように、こうした企業は雇用法、税制、健康と安全といった分野における公的規制を回避することで悪名高い存在になっている。同様に、フェイスブック、ユーチューブ、フリッカー（Flickr）、ピンタレスト（Pinterest）、ツイッターなどのプラットフォームは、メディアの構成要素の自由な共有を可能にするサービスであると自称している。しかし、ウィキペディアを除いて、これらはすべてデータを収集するために使用され、それによってプラットフォーム所有者に巨額の利益を生み出す（あるいは生み出すことを約束する）商業的プラットフォームである。これらの企業は、たんなるテクノロジー企業に過ぎないと見せかけることで、プラットフォーム上で提供するコンテンツに対する責任を回避し、あらゆる公的規制の試みに抵抗している。

プラットフォーム資本主義は、ある程度、「勝者総取り」の問題とみなすことができる。プラットフォームが大きければ大きいほど、私たちはますますそれを使いたいと思うようになる。私たちがソーシャル・ネットワークに参加するのは、「友達」がみんな参加しているからであり、友達が誰もいない別のネットワークに乗り換えたくはないのだ。この現象は、広く「ネットワーク効果」として知られている。私たちはネットワーク上に社会資本を蓄積しているが、退会する際にそれを持ち出すことはできない。私たちのデータ――私たちの「デジタル労働」[40]の産物と表現する論者もいる――は、企業の所有物である。同様に、私たちは、小規模なオンライン・ショッピング・プラットフォームよりも、アマゾンのような大規模なプラットフォームで商品を購入しようとし、また売り手も販売しようとする。買い手は選択肢の多さと利便性を求め、売り手は可能な限り大きな市場を求めている。とくに、これらの企業の多くは、他社との競争を排除し、多面的な事業をひとつに統合しようとする情け容赦のない企業であるため、必然的に独占が進む傾向にある。

しかし、このプロセスはけっして保証されたものではなく、単純化しすぎないことが重要だ。歴史的にみて、デジタル・メディア市場は非常に不安定であることが証明されている。マイスペース（MySpace）やヤフー（Yahoo!）のようなかつての支配的な企業を覚えている人はほとんどおらず、イーベイ（eBay）のような巨大プラットフォームでさえ消滅しかけている。本書の執筆時点では、フェイスブックは、最近のデータ漏洩問題[15]の結果というよりも、若年層がフェイスブックを放棄しているようにみえるため、たとえその多くが同社の所有しているインスタグラムやワッツアップへ移動しているにしても、困難に直面している。[41]とくに、「ボット」の使用やその他のデータ詐欺が明らかになるにつれ、広告主がフェイスブックのデータの価値を信用しなくなる可能性がある。それでも、フェイスブックがすぐに姿を消すとは考えにくい。少なくとも、ネットワーク効果の持続的な力を保持しているからである。しかし、同社がずっと世界的に優勢な立場を保ち続けることができる保証はどこにもない。資本主義の仕組みは、一部の批判家が想定している以上に複雑であり、むしろ不安定で不確実なものである。すなわち重大なパラドックスがあるのだ。これらの企業は、メディアをますます支配しているにもかかわらず、初期のインターネット愛好家が熱心に提唱していた、あらゆるデジタルな創造性、活動性、議論、そして「共有」のための手段をも提供しているのである。

とはいえ、この基本的なビジネス・モデルは、われわれがオンライン上で目にするもの、そしてコミュニケーションの方法に多大な影響を及ぼしている。「いいね」をクリックすればするほど、自分の好みや政治的信条を強化するようなものが送られてくる。検索ランキングで上位に表示されるものが最も注目を集め、これは必然的に、すでに「有名人」である人々や、最も突飛な意見や強い憤りを表明する人々をより目立たせることになる。ソーシャル・メディア企業がコンテンツそのもの、つまりその正確さや品質、不正や盗用の可能性を気にしなければならない経済的な理由はない（つまりほとんど理由はない）。ソーシャル・メディア企業は、よい評判を維持し、明らかな犯罪を避けることに熱心だが、とどのつまり、彼らに本当に必要なのはクリックベイトだけなのだ。

　これまで述べてきたように、このようなビジネス・モデルやその基盤となるテクノロジーに固有の性質は、それ自体で社会変化をもたらすものではない。しかし、あらゆる局面で起こりつつある変化を、強化促進する可能性は十分にある。ここでも、安易な一般化は避けることが重要だろう。現代社会は個人主義になりつつあると主張する人がいる一方で、着実につながりが強くなってきていると主張する人もいる。また、古い伝統が失われつつあると論じる人もいれば、原理主義に後退して二極化が進んでいるとみる人もいる。多様性を歓迎する人もいれば、不平等が拡大しているだけだとみる人もいる。また、あらゆるものが商業化され、情報過多と完全な監視の世界に向かっていると主張する人もいれば、情報への開かれたアクセスは政治的自由を保証すると主張する人もいる。これら以外にも、明らかにより幅広い議論が必要である。しかし、メディア環境の変化がこのような動きを促進することを、それも矛盾したやり方で促進する可能性があることを理解するのはむずかしいことではない。このような議論は、メディア教育者とその生徒が参画できるべきであり、また参画すべきものである。

　ここまで説明したような過程によって、世界の大多数の人々が毎日使っている基本的なコミュニケーション形態は可能になっている。しかし、その仕組みを本当に理解している人は、大人にも若者にもほとんどいないことが実証されている。たとえば、グーグルの検索で特定の結果が上位に表示される方法とその理由を、ほとんどの人は知らないようだ（そして、大半の人々は検索結果の上位以外をほとんど見ない）[42]。また、同じ言葉をそれぞれの個人用端末で検索した二人が異なる結果を得る理由も、あるプラットフォームに表示される広告が、別の一見無関係なプラットフォームでおこなった活動を反映している理由も、私たちは理解していない。アルゴリズムの作動は、事実上ユーザーには見えない。アルゴリズムはしばしば純粋に技術的なことがらとみなされるが、アルゴリズムがなにをするかは、その設計者がなにを重要だと定義するか、どんな種類のデータが収集されるか、異なる形式のデータがどのように互いに関連づけられるか、成功した結果なるものを定義づけるものはなにかによって決まる。他のデータ処理の形態と同様に、アルゴリズムはけっして中立的ではなく、自動的に客観性や正しさを帯びているわけでもない[43]。

一方で、歴史を考慮する必要もある。「古い」メディアは依然として現代生活の中心にある。若い世代はもはや新聞を読まず（もし今まで読んでいたとしたらの話で、もとから読んでいないかもしれないが）、テレビ放送をあまり見ないかもしれないが、同じ内容のものをたくさんオンラインで読んだり見たりしている。「レガシー」メディアとも呼ばれる企業は、マーケティングのためだけでなく、よりダイナミックな方法で視聴者を取り込むために、ますますソーシャル・メディアを利用するようになっている。新旧のメディア企業は、不確実な市場で生き残るためには、互いに取引しなければならないことをわかっている。たしかにある種の古いメディア、とりわけ新聞は生き残れそうにない。しかし、テレビ（とくにテレビドラマ）のような他のメディアは、さまざまなかたちでオンライン配信がなされるようになっても、この状況下で成功しているようである。

同時に、「マス」メディアと、私たちがオンライン上でおこなっている、大衆を対象としていない、より私的あるいは個人的なコミュニケーション・メディアとを区別することはますます困難になってきている。「メディア」という言葉は複数形の名詞だが、私たちはいまだに日常的に、メディアを共通の特性を持つ単一のものであるかのように語っている。また、私たちはそのようなものとしての「メディア」を、それを利用する人々とは関わりのないある種の独立した権力を持っているかのように指摘しがちだ。そしてメディアを非難し、その責任を追及し、その破壊的な力を嘆き、あるいは賞賛するのである。しかし、ほとんどすべてがメディアによって媒介される世界では、メディアがどこから始まり、どこで終わるのかを特定することはむずかしい。ウェアラブル・コンピュータやデジタル・パーソナルアシスタント[16]、3Dプリンターやバーチャル・リアリティの時代において、メディアは私たちの日常生活にこれまで以上に深く埋め込まれるようになっており、メディア企業が私たちに関するデータを収集する手段もまた然りである。まちがいなく、メディアにつながっていない、またはメディアが存在しない世界を思い描くことはますますむずかしくなっている。このような状況においては、単一のイメージとしての「メディア」ではなく、プロセスとしてのメディア化（*mediation*）を語るほうがより理にかなっているといえるだろう。

　この強烈にメディア化された世界から距離をとることは容易ではない。私たちがしばしば当たり前だと思い込みがちだったり、当たり前と思うように促されていることがらについて疑問を持つことは大変むずかしい。メディアには、時に隠された側面があり、それについてもっと知る必要がある。見慣れたものを新鮮な眼で見るためには、それらを取り上げて「見慣れないものにする」ことも必要だろう。さまざまなメディアのリスクに対して、断片的なアプローチでは不十分であることは明らかだ。また、メディア・テクノロジーの操作やコンピュータ・コードの書き方に関するトレーニングを提供するだけでも十分ではない。教育者として、私たちはここで述べたようなより大きな構図を、包括的で、首尾一貫した、批判的な方法で考慮する必要があるのだ。

5 批判的にいこう

「批判的」とは問題含みの言葉である。誰かが批判的であると言うとき、それはしばしば、ただ否定的であることを意味する。もし誰かを批判的すぎると非難すれば、その人はバランスを欠いていて、議論がなんであれ肯定的な面を考慮できていないことを暗に示している。一方、批判的でないと、人を非難することもある。彼らは賞賛に酔いすぎて、ものごとのよい面だけでなく悪い面も見ようとしない、と。ここには、しばしば「私たちと彼ら」という基本的な発想がある。私たちは批判的であり、私たちに反対する人たちは無批判である。彼らの意見は、たんに彼ら自身の愚かさの結果なのだ。こうした状況のもとでは、私が批判的思考という言葉によってなにを意味するのかを、一般論としても、またとくにメディア教育に関わる議論としても、より詳しく説明することが重要になる。

学習とは、たんに情報にアクセスすることではない。情報を理解し、解釈し、応用して、知識に変える必要がある。批判的思考は、これよりさらに数歩進んで、情報をどのように分析し、総合し、評価するかということなのである。批判的思考には、当然ながら論理が含まれる。たとえば、議論の各段階がどのように関連しているかを調べ、ギャップや潜在的な矛盾を特定することを意味する。また、必要な証拠の種類を特定し、最も信頼できる情報源を査定し、証拠の質と関連性を評価し、その証拠で主張されていることが実際にどの程度証明されているか検討するなど、証拠に対する厳密なアプローチも必要となる。批判的思考には、安易な前提を疑い、問題の別の見方を考えることが含まれる。これはしばしば、ものごとの枠づけられ方やそれを定義する用語そのものに挑戦することを意味する。その枠組みになにが含まれ、なにが除外され、その結果なにが導き出されるかを吟味することが必要なのである(44)。

批判的思考とは、つねに自分自身の先入観、解釈、結論に疑問を投げかける内省的なプロセスである。判断を急ぐことを避け、自分が知っていることについて主張できることの限界を認識し、それゆえ、自分が本当に確信できているかどうかを考えることである。それは、あらかじめ決められた世界観や、固定された哲学的・政治的信条に署名することではない。もちろん、私たちはみな、自分自身の先入観や価値観を持っている。批判的思考は、このような先入観の外に私たちを導くことはできないが、先入観を疑い、自分自身の分析をより厳密なものにする手助けをすることはできる。しかし、批判をシニシズムと混同したり、あきらめや無関心を正当化するために利用しないことが重要だ。最終的には、批判的思考は批判的行動につながるはずなのである。

このような批判的思考は、とりわけメディアとの付き合いにおいて大切である。(45) その理由は明らかだ。身近な個人的経験を超えて、より広い世界について私たちが知っていることのほとんどは、メディアを通じて伝えられているからだ。実際、ソーシャル・メディアとモバイル・コミュニケーションの時代においては、私生活の多くもメディアによって媒介されている。メディアは世界をある特定の方法で表象し、その世界についてのさまざまな主張を生み出す。そうした主張は、時には大変はっきりしているものだが、しばしば「目に見えない」かたちでもなされる。そして思い込みを誘発したり、感情を刺激したり、パッとは理解することのできない独特なかたちでの認識や反応を促したりする。たいていの場合、それらの主張は、私たちの欲望や幻想を引き出そうとする因果関係の物語や善悪の物語をはらんでいる。そしてこのようなメディアの働きは、それらの主張が、音声言語と静止画や動画、音楽や音響、ドラマチックなパフォーマンスが組み合わされたオーディオビジュアルなかたちで生み出される場合、より複雑になりうる。

しかし、これについても内省的であることが重要である。メディアとはどのようなものか、どのように機能するか、そしてその影響や効果はいかなるものかなど、メディアそのものについては膨大な数の一般向けの論評が存在する。この種の論評はしばしば、疑わしい一般論や仮説に基づいており、狭く部分的なやり方で問題を枠づけたり定義する傾向があり、限られた、あるいは不十分な根拠に依っていることも多い。メディアは、他の社会問題から切り離された単独のものとしてとらえられがちだ。そしてその歴史をふり返られることなく、最新の動向にだけ注目が集まる。また、人々が言及したがる社会問題のほとんどを、メディアのせいにする傾向も根強い。しかし、こうした欠点があるにもかかわらず、この種の論評は、日常生活だけでなく、学術研究においても大きな影響力を持っている。メディアについて批判的に考えるということは、こうした大仰な主張、とりわけメディアの権力と効果に関する主張に対して健全な懐疑心を育むことを意味する。

このことは、教育カリキュラムにとって具体的になにを意味するのだろうか。長年にわたってイギリスのメディア教育カリキュラムは、特定の内容や知識の集まりではなく、四つの重要な概念によって規定されてきた(46)。そのため教師は特定の学習対象を選ぶ際にかなりの程度の自律性を持つことができ、それによって、生徒のニーズや関心、そしてメディアの新しい発展に対して、すぐに対応できた。これらの諸概念は一九七〇年代から使われていたが、効果的に定式化されたのは一九八〇年代末である。その概念枠組みはいくつかのバージョンが共存し続けており、メディア教育が長年にわたって確立されている他の国々にもこのアプローチのバリエーションはあるが、その違いはとくに大きな問題ではない。

　四つの重要な概念とは、メディア言語、表象、制作、オーディエンスという、あらゆるメディアに共通する基本的な側面に関連するものである。まず、すべてのメディアは、意味を創造し、伝達し、説得するために、特定の修辞技法と装置、すなわちメディア言語の特有の形式を用いている。次にメディアは世界がどのようなものであるかを提唱し、その提唱が真実であることを私たちに納得させようとする。つまり、メディアは世界を特定の方法で表象し、それ以外の方法では表象しない。そしてメディアは個人や組織、そしてしばしば強力で収益性の高い営利産業によって、特定の動機と利害関係をもって制作されている。最後に、メディアは私たちをオーディエンスとして標的にし、情報や楽しみ、娯楽を提供する。それらを利用し、理解することで、私たちは自分のアイデンティティと世界における自分の位置について、幅広い感覚を身につけることができる。四つの概念は重なり合い、互いに影響し合っているが、もう少し詳しく別々に考えることができる。

メディア言語

どのメディアにも、意味を伝えるために使う言語の独自の組み合わせがある。たとえばテレビは、動画や音声という「言語」と、話し言葉や書き言葉を使っている。これらは、一般に理解されている身近なコードや慣習を用いているため、言語とみなすことができる。たとえば、特定の感情を呼び起こすために、特定の種類の音楽やカメラアングルを使ったり、一定の規則に従って一連の映像ショットをつなぎ合わせたりする。また、特定のパターンや仕掛けの組み合わせを使った、おなじみの表現形式やジャンルもある。もちろんこうした規則もまた崩されることはある。これらの言語を分析することで、意味がどのように生み出されるかをよりよく理解することができる。

したがって、メディア言語を学ぶということは、次のようなことへの着目を意味する。メディアはアイデアや意味を伝えるために、どのように異なるタイプの言語を使うのか。どのようにしてこれらの言語の使い方が親しまれ、一般に受け入れられるのか。いかにして「ルール」が構築され、そして「ルール」が破られるとなにが起こるのか。画像、音声、言葉の組み合わせや順序によって、どのように意味が伝達されるのか。そして、これらの慣習やコードは、さまざまなタイプやジャンルのメディアでどのように機能するのか。

表象

当たり前のことだが、メディアは私たちに透明な「世界への窓」を提供するのではなく、メディアを媒介とした世界のひとつのヴァージョンを提供している。メディアは現実を提示する〔present〕のではなく、それを再＝提示する〔re-present〕。ニュースやドキュメンタリーのように現実の出来事を扱う場合でも、メディア制作には、事件を選択し、組み合わせ、議論を構築し、出来事をストーリーに仕立て上げ、キャラクターを創作することが含まれる。そのため、メディアは客観的というよりはむしろ「偏った」ものにならざるを得ない。メディア全体を見渡すと、特定の社会集団がどのように表象され、あるいはどのように誤ったかたちで表象されているかということについて、一貫したパターンを見出すことができそうである。しかし、だからといって、メディアが視聴者を欺き、表象を現実と勘違いさせているわけではない。オーディエンスはメディアを自分自身の経験と比較し、それがどの程度現実的なのか、どの程度まで信頼できるかを判断する。さらに、メディア表象は、ある意味では現実とみなすことができるが、別の意味ではそうではないことがある。つまり私たちは、なにものかが幻想であるとわかっていても、その幻想が現実について教えてくれることがあるとわかっているのである。

メディア表象を学ぶということは、次のようなことへの着目を意味する。メディアはいかにして真実を伝えていると主張し、現実的であり、本物であると主張するか。なにを、あるいは誰を包含し、排除するか。どのように特定の社会集団や出来事、あるいは世界の他の側面を表象するのか。これらの表象がどの程度正確なのか。そしてそれらの結果は視聴者の態度、価値、信念に対してどのような影響を及ぼすか。

制作

あらゆるメディアは意識的に作られ、生産されている。メディア・テキストには、自分自身や家族、友人のために個人で作られるものもあるが、多くは商業的利益を目的として、集団によって制作され流通している。メディア制作には、特殊な技術と専門的な労働が必要である。それには多様な経済的利害が絡んでおり、利益はさまざまな方法で――とくに、ある財産やブランドをさまざまなメディアで活用することによって――生み出される。また、メディア産業はますますグローバルな規模で運営されているが、特定の社会集団は他の集団よりもずっとメディアを利用しやすい。このような経済的要因は、メディア表象とオーディエンスにも影響を与える。

メディア制作を学ぶことは、次のようなことへの着目を意味する。制作と流通に関わる技術。制作に関わるさまざまな役割や仕事の種類。メディアを売買する企業とその利益の上げ方。メディアの制作と流通の規制のされ方。メディアはいかにしてオーディエンスに届けられ、オーディエンスはいかほどの選択肢とコントロール力を持つのか。

オーディエンス

メディアの数が急増するにつれ、それらは人々の関心と興味を引くためにますます競争しなければならなくなった。メディア制作者は、さまざまな集団の人々が求めているものをわかっているつもりかもしれないが、なぜあるものが人気を集め、他のものがそうではないかの理由を説明するのはむずかしいことが多い。オーディエンスを研究するということは、オーディエンスがどのようにターゲット化され、測定され、メディアがいかに流通して届けられるかを考えることである。しかし、個人や社会集団がメディアを利用し、解釈し、反応するさまざまな方法をも考慮しなければならない。オーディエンスはしばしば、さまざまな理由からメディアの影響をとくに受けやすい、自分ではない他の人々だとみなされる。オーディエンスに関するこのような主張を吟味するだけでなく、自分自身のメディアの使い方を理解し、ふり返ることも必要である。

したがって、メディアのオーディエンスを研究するということは、次のようなことへの着目を意味する。メディアはいかにして特定のオーディエンスをターゲットとして語りかけ、メディア制作者はオーディエンスをどのように想定しているか。メディアはさまざまな技術やチャンネルを通じてどのようにオーディエンスに到達するか。人々は日常生活のなかでいかにメディアを使い、解釈し、どんな喜びを得ているか。そしてこれらの過程は、ジェンダー、社会階級、年齢、エスニシティなどの社会的要因によっていかに異なっているか。

これら四つの概念は、メディアの権力に関する根本的な問題に取り組むためのものだが、私たちはそれらを、メディアがダイナミックで複雑な特性を持つことを認識したうえで用いることになる。メディアをめぐる経済、政治、イデオロギーは根本的な問題だが、メディアがもたらす美的価値、楽しみや幻想もまた重要である。社会階級、ジェンダー、年齢、エスニシティなどの不平等も、私が取り上げてきた各項目に関連している。しかし、これは政治的立場の違いを超えて陰謀論者のあいだで人気が高まっているような、メディアの権力に関する一枚岩の説明ではない。メディア報道に対する怒りや義憤は、時としてきわめて正当な反応である。しかし、批判的教育の観点からすれば、客観的根拠を注意深く用いること、論理的な議論が必要であること、いい加減な一般化を避けることが大切だと言っておかなければならない。メディアを本当に変えたいと思うのであれば、それらがどのように、そしてなぜそのように動くのかを詳細に理解する必要があるのだ。

すでに述べたように、四つの概念枠組みは、テレビが主流メディアであった三〇年以上前に開発されたものだ。新しいデジタル・メディアとの関連で、この枠組みをどこまで、どのような方法で適用し、発展させる必要があるのかについては、疑問が残る。ここまで描いてきたより大きな構図を理解するために、この概念枠組みは役立つのだろうか。私の考えでは、この枠組みは依然として適切で有用であり、第7章と第8章では、とくにソーシャル・メディアとの関連でそのことを論証していくつもりである。

最後に、これらの概念枠組みは確実なものとしてではなく、一連の疑問に焦点を合わせるために機能するものとして企図されたという点が重要である。それらは変更不可能なものではなく、それらをめぐって議論や異議申し立てが可能なように設計されている。その目的は、生徒たちにあらかじめ規定された特定の立場への同意を命じることではなく、生徒たち自らが問い、体系的でしっかりした方法のもとで、自らのメディアに関する解釈や経験をふり返ることができるようにすることだ。四つの概念枠組みは批判的であるための道具であり、宗教的信念ではないのである。

6 いかに教えるべきか——落とし穴と原則

Pedagogy: Pitfalls and Principles

批判的思考を養うことを目的とするとして、それはどのようにして達成されるのだろうか。なにを教えるか（カリキュラム）と同様に、どのように教えるか（教授学）も考慮する必要がある。次の二つの章では、メディア教育が実際にどのように機能するのか、とくにソーシャル・メディアとの関連で検討していく。しかし、その前に、メディアについて教える際によくある三つの落とし穴を確認しておきたい。そのうえで、より効果的なアプローチと思われるものを紹介し、メディア教育の教授学に関する一般的な原則を導き出していこう。

第一の落とし穴は、先に論じた、メディアに対する防御的、あるいは保護主義的なアプローチである。(47) その考え方によれば、メディア教育は規制の代替案であり、有害な影響に対する一種の予防策とみなされる。すでに述べたように、このアプローチはメディアの暴力に関する議論に顕著にみられるが、その他にも薬物、肥満、消費主義、「メディア中毒」など、メディアに関連するとおぼしき多様な問題にも適用されている。このアプローチをとる人々は、子どもたちが自分自身でメディアの利用をコントロールし、ある種のメディア・メッセージに抗い、拒否できるように促せば、メディアの影響から子どもたちをなんとか予防できると考えている。そして、子どもたちのメディア消費を減らし、メディア以外の「よりよい」ものへと導くことで、メディアから隔離することをねらいがちである。

保護主義的アプローチは、メディアの影響というものがきわめていかがわしいという前提に立っている。このアプローチでは、若者がなぜメディアを利用するのかを理解することができない。メディアから得られる楽しみは、たんに一種の罠や妄想とみなされるのである。実際には、生徒たちは、いやいやながらも従っているようにみえるときでも、しばしばこのアプローチに抗っており、彼らはそうした教え方を、自分たちを子ども扱いする、権威主義的なものだと感じている。生徒たちに、「安全でない」「不健康な」メディア行動の危険性についてくり返し警告しても、実生活ではほとんど持続的な効果がないようだ。

この保護主義的なアプローチは、アメリカではいまだにかなりはびこっているが、他の地域におけるメディア教育は、より広範な政治的・文化的問題に焦点を合わせようとしている。しかし、ここには二つ目の落とし穴がある。それは一九七〇年代から一九八〇年代にかけてとくにイギリスで広まっていたもので、メディア教育を一種の「反プロパガンダ」として利用するというものだ。[48] 多くの点で、このアプローチはかたちを変えた予防接種であり、悪い行動というよりも悪い態度に焦点を合わせる。ここでの目的は、「誤った」メッセージを「真実の」メッセージに置き換えることであり、生徒がメディアに「惑わされない」ために分析ツールを提供することである。このようなアプローチはもちろん、生徒が「惑わされている」こと、ひとたび指摘されればすぐにそのことに気づくこと、その結果、誤った信念を簡単に捨てることを前提にしている。このアプローチは、いわゆる「フェイクニュース」について教えるための最近の提案のなかでも復活しているようだ。

いくつかの研究によると、この種の政治的予防接種としてのメディア教育は、教師の心のなかを見透かす営みに堕してしまいやすいという。[49] 生徒が自由におこなうメディア分析とされるものが、あらかじめ自分が決めた見解に生徒を同意させようとする教師の努力の賜物であることはよくある。教師は生徒に、「正しい」答えを導き出し、政治的に正しいことを言うように勧め、生徒はそれに従うか、あるいはたんに教師の権威に挑戦するためだけに教師の期待に背く。このアプローチは、メディアから得られる楽しみを政治的に正しくないものとして否定することに基づいている。時にはメディアを楽しんでいることを白状したり、告白する必要もあるだろう。しかしこのタイプの批判的分析の目的は、そうした楽しみを誤ったものとして克服し、正しい理解への真の道を示すことにある。このアプローチはきわめて理性主義的であるだけでなく、教師と生徒のあいだのかなり権威主義的な関係にも依存している。

三つ目の落とし穴となるアプローチは、これまで述べてきた二つのアプローチとはある意味正反対で、かなり最近生まれたものだ。ここでは、予防接種ではなく、創造性に重点が置かれている。二〇〇〇年代半ば、「Ｗｅｂ２・０」の出現によって、メディア教育に関する根本的に新しい視点を提案する人々が現れ、彼らはこれを「メディア研究２・０」と呼んだ(50)。若者たちは今や「デジタル・ネイティブ」であり、新しいメディアについて教師よりもずっと多くのことを知っており、彼らが必要とするのはものづくりの機会だけだと、彼らは唱えた。この説に従えば、新しいテクノロジーは批判的思考を不要なものにしてしまったのだという。テクノロジーは、生徒が創造的になり、自己を表現し、解放を達成することを可能にする。メディア分析など当たり前のことを言っているに過ぎず、理性主義的で、生徒を子ども扱いし、古臭いというのである。

新しいテクノロジーはまちがいなく、生徒たちに創造的なメディア制作に携わる、貴重で新たな機会を提供してきた。しかし「創造性」とは、いかにも耳触りのいい言葉である。子どもたちが創造的でないほうがいいなどという教育者はいない。創造性とはなにを意味し、いかにして育まれるのかが明確でないため、相当あいまいで感情的な見解が多くなっている。創造性と参加は、なにを作るか、いかにして参加するか、どんな目的かなどといった議論とは無関係に、それら自体が無条件でよいことだとみなされているようだ。このような創造的な陶酔は、批判的思考の継続的な必要性を見失わせてしまう[51]。

以上のような観点とは対照的に、私がここで概説する教授学的アプローチは、かなり異なるところから始まっている。メディア教育者は、数十年にわたる教室実践で培われた幅広い教授学的戦略を持っている[52]。おおまかにいえば、メディア教育の教授学には、リテラシーの概念に沿った三つの次元がある。それは、「読むこと（テキスト分析）」、「書くこと（創造的制作）」、そして「文脈分析（個別の読み書きの営みを、より広い社会的文脈に位置づけること）」の三つのあいだのダイナミックな関係をともなうものである[53]。

綿密な「テキスト分析」は、メディア教育の中心的な次元であり、映画の複雑なシークエンス、新聞の第一面、ツイッターのようなマイクロブログサイトの短い投稿など、いかなるテキストを扱うにしても、今後もそうあるべきだろう。テキスト分析は、メディア言語と表象の次元にはっきりと関連している。そのため、生徒には、おもに記号論、構造主義、談話分析に由来するアプローチを用いて、メディア・テキストを注意深く読み解くことが求められる。このアプローチは、「見慣れたものを見慣れないものにする」ことを促す。つまり、メディア・テキストをしっかりと見て、メディアが伝えているようにみえる意味が、実際のところどのように伝えられているかを考えさせるのである。それはまた、メディアに対する私たちのその時々のとっさの反応を正しいもの、あるいは誤ったものだと考える根拠も与えてくれる。

「創造的制作」は、ふつう、短いビデオのシークエンス、写真の展示、ウェブサイトのデザインや記事のレイアウトという形式をとる。制作は、しばしば模擬的実践の形式でおこなわれる。生徒には、ターゲットとなる視聴者や特定の制度的背景、またはより広範な理論的課題を反映した制約条件が示される。この場合、メディア言語という側面に細心の注意を払う必要があるが、概念的には、オーディエンス（たとえば、新しい、あるいは従来とは異なるオーディエンスをターゲットにする）や表象（なんらかの規範を破る表現をしたり、少数派の集団や問題を扱うなど）に重点を置くことが多くなる。

「文脈分析」は、一般的に組織やオーディエンスといった、より「社会学的」な次元に関係するものである。この領域では、生徒はかなりの量の情報を与えられ、それに応じた概念モデルや理論を教えられる傾向がある。しかし、インタビューやアンケート調査などの実地調査、特定のメディア企業などに対するケーススタディを含むウェブベースの調査、特定のメディア・キャンペーンの模擬的制作など、より「能動的」なアプローチをともなうこともある。

より広くとらえれば、メディア教育における効果的な教授法として、二つの主要な原則を挙げることができる。第一は、生徒がすでに知っていることから始める必要があるということだ。くり返しいえば、リスクを協調しすぎることの問題と、それがもたらす保護主義的アプローチの問題のひとつは、メディアを使う若者の動機を理解できないことである。同じことは、メディアで目にするものを偽りの快楽だと否定し、払拭しようとする政治的予防接種のアプローチにもいえるだろう。メディア教育を、生徒の既存の知識、彼らの直接的な経験から始めるほうが、はるかに魅力的で効果的なことは明らかだろう。

生徒に自分自身のメディアの使い方を記録し、分析し、考察するように促すことは、この第一原則における大切な最初の一歩である。ただし、ソーシャル・メディアの場合、それらのメディアが若者の仲間関係のなかに深く組み込まれていることを考えると、これはとても困難なことだ。教師は生徒に、多様なメディア、デジタル機器、プラットフォームを、それぞれ異なる目的のために、そしてさまざまな「オーディエンス」とやりとりするために、いかにして、そしてなぜ使うのか、またその利用経験が時間とともにどう変化するのかについて、本当にオープンな議論をさせる必要がある。さらにいえば、メディア分析が開かれたプロセスであることが重要である。そうすれば生徒はメディアを多様な方法で解釈し、さまざまなことを楽しむに違いない。ひとつの正しい解釈を押しつけたり、健全な行動の規範を押しつけるのではなく、さまざまな違いを探り、その根拠を考え、生徒が疑問を持つことを促すことが、授業の目的であるべきだ。

一方で、これはたんに若者のメディア文化を賞賛するだけでよいという意味ではない。生徒たちは、これらの新しいメディアをとてもうまく使いこなし、多くの知識を持っているようにみえるかもしれない。しかし、これらのメディアがどのように機能するか、とりわけその商業的な側面について、彼らが知らないこともたくさんある。若者を「デジタル・ネイティブ[54]」と呼ぶ感傷的な見方は、彼らの能力と知識にかなりの違いがあること、実際には不平等があることを覆い隠している。生徒が知っていることから始めるのは重要だが、教育の目的はそれを超えること、つまり、生徒がメディアに関してより広く、より深く理解するための知識や批判的なものの見方に触れられるようにすることでもある。

メディア教育を効果的に教えるための第二の重要な原則は、理論と実践、あるいは「読む」ことと「書く」こととの組み合わせに関わるものである[55]。「メディア研究2・0」の提唱者が創造的なメディア制作を賞賛する一方で、政治的予防接種のアプローチはそれを強く疑う傾向がある。生徒たちに自分たちのメディアを作る機会を与えることは、支配的なメディア形式や、そこに含まれているであろう価値観をただ模倣したり再現することにしかならないという人々もいる。しかし、ここでもまた、授業実践の実態はもっと複雑だということが研究によって示されている。生徒たちは主流のメディア形式をただコピーするのではなく、それらを使って遊び、自分たちの目的のために利用する。その結果は予測不可能で、政治的に正しいとは言いがたいこともよくあるが、創造的な制作の場を通してこそ、複雑で挑戦的な学びは生じるのだ。

生徒にとっては、決まりきった批判的な分析の訓練よりも制作作業のほうがずっと楽しいわけだが、それは、制作がメディアのなかに自分自身の楽しみを見出す機会を提供してくれるからだ。メディア制作は、自分がメディアを利用する際の個人的で感情的な側面をふり返る場を生み出し、それは批判的分析へとフィードバックされる。きちんと距離をとった批判的な考察は、必ずしも容易ではないが、メディア教育の重要なプロセスの一部である。生徒は、メディアについてより幅広く批判的に考察するなかで、自分の制作活動における選択の結果や、自分の制作意図とその結果との関係についてじっくり考える必要がある。自分の制作したメディア作品をより多くのオーディエンスの前で発表し、そこからフィードバックを得て、それを考察することは、このことを促しうる。これは、読むことと書くこと、そして活動とふり返りのあいだの持続的なダイナミクスをともなう、再帰的なプロセスであるべきなのだ。

最終的に重要なのは、人にものを教えることに関する学問である教授学には、唯一無二の万能なアプローチは存在しないということだ。教授学はドグマであってはならない。異なる目的や多様なカリキュラムのためには、それぞれ異なる戦略を用いるのが適切である。批判的思考の必要性を強調するとき、私はけっしてたんなる理性主義的なアプローチや、分析や理論にのみ焦点をあてるべきだとは言わない。「メディア研究２・０」での議論とは違い、理論と実践、あるいは批評と創造性とのあいだの弁証法的関係が、メディア教育の教授学にとって基本的かつ不可欠だと提唱しているのである。さらにいえば実践を、たんに理論を説明したり適用する手段として用いるのではなく、理論を発展させ、さらには理論に挑戦する手段として用いるべきだ。この点で、前章で概説した四つの批判的概念は、批判的分析だけでなく、創造的な実践を計画し評価するためにも、明確で包括的な枠組みを提供するものである。

ここでの目的は、生徒にメディアのリスクに対する予防接種をすることでも、誤ったイデオロギーを暴くことでも、たんに創造性を称えることでもない。私が素描したアプローチは、生徒の既存の経験や知識から出発するが、それを超えるための挑戦でもある。このアプローチは、メディアに対して生徒が個人的、感情的につぎ込んできたものに働きかけ、それらをふり返り、分析するよう促す。創造性と自己表現の機会を提供すると同時に、批判的評価の必要性をも強調する。そして、生徒に、新しい情報、見慣れない理論、批判的分析のためのツールを提供するが、生徒たちをただ教師の意見に同意させるのではなく、議論に参加させるようとする。これは、生徒にとっても教師にとっても、けっして簡単なことではない。

Conceptualizing Social Media

7 ソーシャル・メディアを概念化する

ここまで紹介してきたアプローチは、数十年にわたり、おもに映画やテレビ、新聞や雑誌といった旧来のメディアをめぐって発展してきたものである。これらの概念やアプローチは、ソーシャル・メディアの時代において、はたしてどの程度まで妥当性を持ち、役に立つのだろうか。本章と次章で、私は、この領域で教えるためのいくつかの具体的で実践的な戦略を提案したい。(56) 私の提案は、基本的に中学校高学年向けの指導に関するものだが、たいていの場合はより年少者にも適応できるはずだ。この章では、批判的概念の枠組みをどのようにソーシャル・メディアに適用できるかを探る。次章では、メディア教育のアプローチが、ソーシャル・

メディアに特有の論争に対して、より一貫した厳密な方法を提供できるであろうことを考察する。

はじめに、ソーシャル・メディアに対する批判的アプローチと、それをたんなる技術的な道具とみなすことを区別することが重要だ。ソーシャル・メディアが、教師にとって、とくにメディア教育の教師にとって、有用なツールであることはもちろん否定しようがない。ユーチューブのようなプラットフォームのおかげで、以前は入手することが不可能ではないにしてもきわめて困難だったメディア素材の膨大なアーカイブにアクセスできるようになった。生徒は、自らの作品をオンライン上に投稿し、共有することで、過去にはあり得なかった方法でリアルなオーディエンスにアクセスできる。しかし、これらのツールは、十分な情報を得たうえで、批判的に使われる必要がある。

ソーシャル・メディアがメディアであること、そしてじつは旧来のメディアと密接に結びついていることを認識することから始めなければならない。他のあらゆるメディアと同様に、ソーシャル・メディアは意味を創造し、世界を表象し、利用されることで利益を生み出すが、その方法はこれまでとはかなり異なっている。すべてのメディアは社会的であるが、これらの新しいプラットフォームは、おそらく社交的なメディアとでも呼んだほうがよく、大企業による生産と流通だけではなく、個人間での流通の機会を提供している。

私たちは、フェイスブック、ツイッター、インスタグラム、スナップチャットといった特定のプラットフォームを研究することを選択するかもしれないが、最終的には、特定のサービスやテクノロジー、ましてや特定のブランドに基づかないアプローチが必要である。たとえばテレビを研究するとき、私たちはBBCやネットフリックスだけに焦点を絞って――もちろん特定の放送局や動画配信サービスを企業や組織としてとらえることには明らかに意義があるわけだが――研究することはない。同様に、ブラウン管やマイクロフォン、カメラについての研究というのは、それらになにがしかの価値があるとは思うものの、ふつうはやらない。私たちが研究するものは、社会的に組織化され、流通する表現とコミュニケーションの形態なのだ。

歴史的にみると、メディア教育はおもにテキストに焦点を合わせてきた。メディアは、分析されるべき一連の対象として――必ずではないが大半の場合――扱われてきた。イギリスのメディア教育者の多くは、もともと英文学の教師として訓練を受けており、テキスト分析は彼らにとってかなりやりやすいことなのだ。私は、綿密なテキスト分析がもはや重要ではないと言っているわけではない。しかし、ソーシャル・メディアの出現は、メディア教育におけるテキストをその中心的で特権的な位置から移動させる、あるいは少なくともテキストをより広い社会的文脈のなかに位置づけなおす必要性を示唆している。私たちは焦点を、自己完結した一連の対象としてのメディア・テキストではなく、むしろメディアによる媒介作用のプロセスに合わせるべきだ。

これらのメディアを社会的あるいは社交的なものにしうるのは、メディアによって可能になる社会的実践であり、それは特定の形式によるつながりに、あるいはつながる可能性に、依存している。ユーザーの立場からすると、それらの実践には、ブログを書く、つぶやく、ソーシャル・メディアを使う、メッセージを送受信する、シェアする、自己表現する、キュレーションや収集をする、遊ぶ、データを検索して取り出す、ブックマークをすることなどが含まれるだろう。これらは明らかに重なり合う実践の集まりであり、しばしば特定のプラットフォーム上で組み合わされたり、その境界がぼかされたりする（異なるメディアを横断したり統合したりすることもよくある）。しかし、これらの実践はすべて、企業によっておこなわれる別系統の実践に依存し、その営利活動を可能にする。つまり、監視とデータ収集、広告、販売促進、マーケティング、データマイニングと分析、そしてユーザー情報の販売などである。企業は、業務の範囲を拡大し、収益性を高めるために、たえず自社のサービスを適応させている。

それでは、これらのプロセスを理解するために、四つの重要な概念をいかにあてはめればよいのだろうか。まず、ソーシャル・メディアでは意味を伝えるために、他のメディアと同様に、さまざまな種類の言語を組み合わせて使用する。ソーシャル・メディアのプラットフォーム上で、私たちは、文章、発話、静止画や動画、音楽や音声などにふだんから触れている。ソーシャル・メディアは、しばしばマルチモーダル（異なる形式のメディア言語を組み合わせる）であり、ハイパーテキスト（ある要素から別の要素へ容易に移動できる）である。しかし、ここで重要なのは、ソーシャル・メディアは、たとえその熱狂的な礼賛者がなんと言おうとも、自己表現と創造性のための自由な空間を提供してはいないということだ。メディア言語のコードと規則が、発信できる内容を形成し、制約しているのである。

生徒は、コンテンツ分析、つまり大量の資料の定量的な分析をおこなうことで、このことを明らかにすることができる。しかし、より小さな分量のサンプルに対する詳細なテキスト分析をするほうがうまくいくだろう。たいていはサッと作られ、使われるメディアについて、大まじめに注目しろというのはおかしなことに思われるかもしれない。しかし、ソーシャル・メディアのテキストを作成する人々は、使用する言語の種類とその使用方法について、多かれ少なかれ意図的な選択をしているものである。私たちはこれらのテキストについて長い時間をかけて考察してはいないだろうが、たいていは、そこからすばやく意味を生み出している。テキスト分析で重要なことのひとつは、テキスト分析が、このプロセスをゆっくりと進め、それがどのように機能しているかを探る手助けとなることだ。

しかし、ソーシャル・メディアの実践に重点を置くという点でいえば、この種の分析は、テキストの形式的な特性ではなく、テキストがなにをしているのか、つまり、その社会的機能や目的、なにを達成しようとしているのかに焦点を合わせる必要がある[57]。たとえば、人々は注意を引き、参加や反応を求め、おだてたり騙したり、楽しませたりわざと怒らせたりするために、メディア言語をどのように使っているのか。どうやって自らの権威を誇示し、行使しようとしているのか。「内集団」と「外集団」、あるいは公私のあいだの境界をどのように保っているのか。

このような問いは、音声言語だけでなく、視覚言語にもあてはまる。旧来のメディアにまつわるビジュアルデザインの言語について考えたことがある生徒は、顔文字、ミーム[17]、GIFといったソーシャル・メディア画像が特徴的な視覚デバイスや、ピンタレスト、インスタグラム、タンブラー（Tumblr）といったおもに視覚的なプラットフォームに対しても、この問いを容易にあてはめることができるだろう。そして三つ目の言語形態は、ハイパーテキストだ。生徒は、ユーザーがどのように誘導されてリンクされた二つの要素のあいだを行き来しているのか、より広くいえば、こうしたつながりがいかにして注目を集め、評判を築き、人気を維持するために使われているかを理解する必要がある。また、ソーシャル・メディア・プラットフォームを使い分ける際に、自らのメディア言語の使い方がどう変化するか、より公的な文脈と私的な文脈、匿名の環境と特定できる環境などでいかに使い分けるか、ふり返りもするだろう。ここでの目的は、ソーシャル・メディアの特定の使い方を非難したり禁止したりすることではなく、それらがどのように機能するかを理解し、それらのより広い社会的影響を考えるために役立つ証拠を収集することにある。

　第二の表象という概念は、当たり前ではあるが、ソーシャル・メディアにも、旧来のメディア同様にあてはまる。自撮り写真を投稿するとき、たとえば朝ご飯でなにを食べたかなどのお知らせをつぶやくとき、あるいはあちこちで見つけたコンテンツを共有するときでさえ、私たちは選択をしている。なにを見せるか、見せないかを決め、物語を語って議論を展開し、他のユーザーとの対話を始め、そして続けたりしている。私たちは、より広い社会の様相を表象するだけでなく、自分自身をも表象する。自分がいかなる人間か、あるいはどのようにありたいかについて主張し、他者が特定の方法で自分を見てくれるように働きかけているのだ。これまで述べてきたように、表象を学ぶことはむずかしい。それはメディア表象と真実を比較するなどという単純な問題——たとえどちらなのかはっきりしていたとしても——ではない。むしろ、メディア表象を学ぶとは、それらがいかに真実を語っていると主張するか、どのようにその権威、信頼性、真正性を確立しているのかを批判的に検証することである。

　ここでも、メディア教育者が旧来のメディアに対して用いてきたアプローチの多くは、ソーシャル・メディアにもあてはめることができる。インスタグラムのフィード[18]やフェイスブックのプロフィール画像を選択することで、人々は世界について、あるいは身近な私生活について、いかなる物語を作り出しているのだろうか。有名ブロガー（あるいはツイッターの投稿者）は、どのようにして自分の信頼性や評判を確立しようとするのか。「市民ジャーナリスト」によって撮影された目撃ビデオは、いかにして本物であると主張し、なにを省き、どんなふうに利用されるのか。＃MeTooやブラックライブズマターのような大規模なキャンペーンからセルフポートレートに至るまで、人々はいかにして社会集団の一員であることをオンライン上で公言し、表象しているのだろうか。

もちろん、ソーシャル・メディアを通じて共有されるコンテンツの多くは、そもそも古いメディアに由来したものであり、オリジナル・コンテンツも、多くはテレビ、映画、広告、新聞や雑誌でおなじみの形式やジャンルを使用している。こういう比較検討はやり続けるべきである。たとえば、ユーチューブの動画ブログとテレビショッピングのチャンネル、オンラインの調査報道と従来のテレビの時事報道、ツイッターやフェイスブックでのセルフプロモーションとより伝統的な商業広告のあいだには、どのような類似点と相違点があるのだろうか。

このような新旧メディアの比較は、問題含みのオンライン・コンテンツにも適用できる。過激派サイト向けに作成される政治的プロパガンダは、旧来のプロパガンダと多くの共通点がある。「ヘイトスピーチ」は、匿名のオンライン空間ならではの特徴を持つかもしれないが、オンライン同様、オフラインでも発生する。オンライン・ポルノは、古代にさかのぼる性的表現の歴史という文脈で理解される必要がある。いろいろな理由から、教師はこうした素材を教室で使いたくないだろうが、しかしこれこそが生徒たちが育っているソーシャル・メディア環境の一部なのだ。少なくとも、このような問題をめぐる議論について教え、議論が根拠とする憶測に疑問を投げかけることが重要である。ネット上で待ち受けているさまざまな恐怖について生徒に警告するだけでなく、より広い文脈を生徒が理解する必要がある。

次に、制作は、ソーシャル・メディアについて教える際の鍵となる要素である。この場合、私たちはみな、潜在的なメディア制作者だとみることができる。しかし、これまで論じてきたように、私たちが作ったコンテンツを共有するために使うプラットフォームは、ユーザーには無料であるかのように見せていても、ほとんどすべてが商業目的である（おもな例外はウィキペディア）。これらのプラットフォームは、たとえ商業的利益がかかっていることを示す証拠を最小限に抑えようとしていても、利益を上げるために存在している。そのあり方は安泰ではなく、保証されてもいない。しかし、この仕組みを完全に理解しているソーシャル・メディアのユーザーはほとんどいないため、私はここで少し詳しく検討してきたのだ。

ここでもまた、新しいメディアへ引き継ぐことができそうな、旧来のメディアについて教える際に生じたいくつかの重要な論点がある。生徒は、新旧メディアがどのように規制されているか、それらへのアクセスがいかにして管理されているか、それらに関わる労働形態の違い、企業が利益を生み出すために用いる戦略などを比較することだろう。しかし、これらのことを教える際の危険は、たんに情報を提供するだけの授業になってしまうことだ。細かな事実関係は、より幅広い概念的な問題に比べれば重要ではない。しかし、教師は具体的な例を通して、これらの問題を生き生きと伝える必要がある。たとえば、フェイスブックやインスタグラムのようなソーシャル・メディアの利用規約を調べることから始めてみよう。生徒は、ほぼまちがいなく、これらの文書に「同意する」ボタンをクリックするだろうが、実際に読んだことがある生徒はほとんどいないだろう。その過程で彼らは、プライバシーや著作権の問題、そしてそのような企業がユーザーのデータを使ってなにができるのかという問題に、まちがいなく直面することになる。

この活動は、特定企業のケーススタディにつながりうる。生徒は、その企業の所有者、従業員数、損益計算書、買収情報などを調査できる。マイスペースやベーボ（Bebo）のように、失敗あるいは衰退した企業は、とくに調査するのが有効だろう。続いて、ソーシャル・メディア企業が公の場でどのように自らをアピールしているかを調べてみるのもおもしろいだろう。生徒たちは、あからさまな広告や既存のユーザーへのサービス販売を通じて、企業がいかに自社のブランドを宣伝しているか、また、企業の幹部がどのように論争に対処しているかを分析することができる。しかし、これらの企業が、広告主やマーケッターなど、他の営利企業に自社のサービスや子会社をどのように売り込んでいるかという「内側」も、調べる必要がある。フェイスブック、グーグル、インスタグラムなどの「ビジネス」ページは簡単にアクセスできるほか、将来の広告主向けのオンラインガイドも無数にある。

新旧メディアのつながりは、制作レベルでも生じている。生徒は、旧来のメディア（テレビ、映画、ラジオ、新聞など）がどのようにソーシャル・メディアを利用しているか、またその逆も、分析するべきである。ここでメディア上のファンダム（ファンのコミュニティ）に焦点を絞ることはきわめて重要だ。古いメディアの所有者は、ファンの活動を活性化するためにいかにしてソーシャル・メディアを使用し、いつ、どのように介入し、そして終わらせようとするのだろうか。生徒は、新聞やラジオのような旧来のメディアが、UGC[19]（ユーザー・ジェネレイテッド・コンテンツ）や、いわゆる市民ジャーナリズムをどのように利用しているか、またその限界について、考えることだろう。また、ユーチューブの動画ブロガーやゲーマーが引き起こす現象が持つ商業的、マーケティング的側面を批判的に分析することもできる。

四つの重要概念のうち、オーディエンスはソーシャル・メディアの登場にともない、最も見直しが必要な概念のようにみえるかもしれない。「Web2・0」の初期の信奉者たちは、受動的なオーディエンスという古い考え方は絶望的に時代遅れになったと主張していた。ある論者によれば、「かつてオーディエンスとして知られていた人々[58]」は、もはや受動的な消費者ではなく、能動的な生産者、すなわち「プロシューマー」[20]なのだという。私は、この種の議論に、いくつかの根拠に基づいて疑問を呈してきた。なによりもまず、こうした議論は、古いメディアと新しいメディアのあいだにある相当程度の連続性を無視している。「古いメディア」のオーディエンスがたんなる受動的な消費者であるという考え方は、たとえばテレビの視聴者研究を検討すれば、支持できるものではない。もちろん、「オーディエンス」という言葉がもはや適切でないのかもしれない。「ユーザー」という言葉のほうがより適切かもしれないが、この概念は、私たちがなんらかのかたちでコントロールされており、ただサービスを利用しているだけであることを暗示しているように思える。私たちはソーシャル・メディアのユーザーかもしれないが、ある意味ではソーシャル・メディアに利用されてもいる。そして、ある程度までは、私たちはやはり「消費者」であり、「顧客」ですらある。

ソーシャル・メディアのオーディエンスについての教育をはじめるひとつの方法は、生徒にソーシャル・メディアに関する議論そのものを問いたださせることだ[59]。先に論じたように、とくに子どもや若者に関して、ソーシャル・メディアを利用することの悪影響を唱える声が大きくなる一方で、近年では楽観的な議論も出てきている。生徒は、肯定的な議論と否定的な議論の両方の素材を集め、いくつかの批判的な問いかけをすることで、これらの議論を上手に検討できる。誰が、いかなる権限や専門性を持って主張しているのか。彼らはどのような証拠を用いているのか、またその証拠はどの程度有効なのか、あるいは妥当なのか。自分たちの主張に注目を集めるために、どんな言葉を使っているか。メディアそのものや、特定のタイプのユーザーを、いかなるものと想定しているのか。

それに続いて、自分自身や知り合いのメディア実践を記録し、分析するよう、生徒を促してみよう。どんな種類のソーシャル・メディア実践（メッセージの送受信、遊び、まとめ、ネットワークづくりなど）をしているのか。誰が関わっており、さまざまな「オーディエンス」はどの程度公的、あるいは私的なのか、そして実践者はそのことをどうやって知るのか。実践者のうちどれだけの人々が能動的な「プロシューマー」であり、かなりの量の独自のメディア・コンテンツを生み出しているのか。どれだけの人々が、知り合いを超えたより幅広いオーディエンスとコミュニケーションしたり、情報をシェアしたりしているのか。これらの問いに答えることは、ソーシャル・メディア利用の多様性を説明するのに役立つはずだ。また、たとえばソーシャル・メディア「中毒」のような、よく取り沙汰される主張のいくつかに疑問を投げかけることもできるかもしれない。

さらに、次のステップは、生徒が、ソーシャル・メディアのユーザーの特定集団、いいかえるとファン・コミュニティや政治団体などといったオンライン・ネットワークやコミュニティについて調査するというものである。生徒は、そのような集団がいかに組織され、どのように機能しているかに焦点を合わせた分析をすることができる。たとえば、いかに参加者を募り、奨励し、とりまとめているのか。どんな人々が最も活発に活動しているか。コミュニティはいかにして自らをコミュニティとして構築し、非メンバーや侵入者にいかに対応するのか。それらの集団は、どの程度、一種の「エコーチェンバー」[21]や「フィルターバブル」を提供し、参加者はどこまで反対意見に触れることができるのか。

この章では、四つの重要概念をどのように拡張してソーシャル・メディアを包み込むことができるかを示そうとした。この概念的なアプローチによって、旧来のメディアの研究から得た問題意識や洞察を、新しいメディア領域に適用できるようになる。このやり方では、たとえばソーシャル・メディアの商業的側面のような、他のアプローチでは気にもとめない重要な問題に取り組むよう、生徒を後押しできる。そしてこれから述べるように、ソーシャル・メディアのリスクに関する新たな懸念に、より包括的で一貫した批判的観点から対処することができるようになる。

もちろん、メディア研究は新しいメディアについて考察する必要があるが、そのことばかりではいけない。歴史的なアプローチも必要であり、メディアの全体的な文脈のなかでソーシャル・メディアをとらえる必要がある。しかし、ここで重要なのは、「メディア研究2・0」の提唱者が示唆したように、ただやってみる、参加してみるだけでは学べないということである。

ソーシャル・メディアがとても刹那的であることを考えると、批判的概念と分析ツールという明確な枠組みを持つことはきわめて重要である。企業、トレンド、論争などは、はやりすたりがある。この急速に変化する世界について教えるのであれば、恣意的なコンテンツの羅列ではなく、一貫した原則が必要なのだ。

8 メディア教育の実践

前章では、メディア教育の概念をひとつずつ順番に論じた。教育現場では、特定の事例やケーススタディを取り上げ、すべての概念を用いることが多いだろう。そうすれば、生徒は概念の相互関係を理解することができるからだ。この章では、近年大きな論争を巻き起こしているソーシャル・メディアの三つの側面、すなわちフェイクニュースとオンライン・プロパガンダ、ネットいじめとヘイトスピーチ、そしてオンラインでの自己表現に対して、このアプローチがどのように適用できるかを示したい。一般的な議論では、これらはすべてリスクと安全性という観点から理解される傾向にあり、非常に幅の狭い用語で枠づけられている。それに対して、私は、批判的メディア教育のアプローチが、このような懸念に対処するだけでなく、より広い文脈のなかでそれらの問題を位置づけることに役立つことを示したい。

まず、フェイクニュースの問題は、このことを非常に明確に示している。[60] すでに論じたように、フェイクニュースはそれ単体で展開してきたものではなく、現代の政治文化や広範なメディア環境における、より大きな変化の徴候である。批判的概念からすれば、まず、制作という観点から分析する必要がある。フェイクニュースは、クリックベイトの一形態とみなすことができ、この現象はソーシャル・メディア企業の経済活動に欠かせない。旧来のメディアをコントロールする仲介者（ニュース編集者など）は、ソーシャル・メディアでは機能しないし、多くの伝統的な規制形態もない。このことは、なにが利用可能で、それに対してなにができるのかという点で、重要な結果をもたらす。同時に、フェイクニュースは、表象についても問題を提起している。これまで述べてきたように、これは真実か偽りかという単純な問題ではない。フェイクニュースは、事実に基づいた表現にも多様なかたちがあるという文脈で理解されるべきなのだ。「真実の」ニュースも、その正確さ、公平さ、客観性という観点から批判的に分析・評価される必要がある。このことはオーディエンスという概念にも、フェイクニュースをどの程度信じているのか、また、なぜ信じているのかといった点で関わっている。

このような問題を分析するには、さまざまな授業のやり方がある。とりわけ「フェイクニュース」の告発が、そのニュースの主犯格と目される人々によってなされている時点では、論争そのものについて教えることから始めるのが有効だろう。[61]そもそも「フェイクニュース」はどのように、そして誰によって、社会問題として認識されているのか。人々はどのような主張をしているのか、なぜそうするのか、その根拠はなにか。さらに、フェイクニュースの言語やビジュアルデザインを分析して公式の情報源と比較したり、特定の記事が拡散される様子や他のメディアでの取り上げられ方を追跡したり、サイト間のハイパーリンクや掲載される広告の種類を調べたりすることもできる。

一方で、生徒たちが「古い」メディアに載る主流ニュースに目を向けることも重要だ。フェイクニュースや、もっと一般化すればメディアにみられる偏向は、けっしてソーシャル・メディアに限ったことではない。ニュースはメディア教育において非常に確立されたトピックであり、このトピックに関する教材は数え切れないほど出版されている。[62]新聞の第一面、見出しや写真の綿密なテキスト分析、特定の報道機関のケーススタディ、複数の報道機関における特定の記事の比較内容分析、ニュース報道の実践的シミュレーションなどで教師が使っている方法の多くは、ソーシャル・メディア上のニュースにも容易に転用できるものである。フェイクニュースは、メディアにおける一連の偏向と虚偽情報の一部であり、メディア教育者はすでにその扱いに十分な能力を備えている。

同じことは、ソーシャル・メディア上の「プロパガンダ」についてもいえるだろう。このトピックは、とくにＩＳＩＳ（イスラム国）のような集団がネット上で自分たちの考えを広めることに成功しているようにみえることへの対応として生じた。ここでもまた、生徒が、このような議論で使う用語のいくつかに疑問を持つことが重要である。「プロパガンダ」は、あからさまで露骨な場合もあるが、より巧妙で陰湿な場合もある。「過激化」をメディアのせいにしたり、この問題をネット上の安全性の問題にすり替えたりするのは、きわめて複雑なプロセスを単純化しすぎているように思われるし、なによりそうした政治イデオロギーの訴求力を誤解している。[63] 私たちは、プロパガンダにおけるメディア言語の使い方を、そしてそれがどのようにさまざまなオーディエンスをターゲットにして訴えようとするのかを知ることができるだろう。しかし、これらの素材は、プロパガンダの持つ歴史やメディア表象全般に関する、より広い文脈のなかでとらえる必要がある。ここでも、それらについては、たとえば「プロパガンダ」を生徒たち自身が作成し、その効果を分析するといった、非常に実践的な方法で探究することができる。

二つ目の課題である「ネットいじめとヘイトスピーチ」に関しても、同じことがいえる。ここでも重要なのは、ネットいじめは単独の現象ではなく、時おり起こる逸脱行動の問題でもなく、連続した現象の一部であるということである。「ヘイトスピーチ」は、事実上ネットいじめの大人版だが、これはオフラインで会ったことのない人たちに対してのほうがより頻繁におこなわれている。これらの現象は、私たちがオンラインとオフラインの双方でどのようにふるまうか、つまり、私たちがどのように自分を見せ、どのようにアイデンティティを構築し、どのように集団間の境界を作って維持し、どのようにより広い関係を構築し維持するかという広い文脈のなかでとらえることで、初めて本当に理解することができる。フェイクニュースと同様、リスクと安全という観点からこの問題をとらえることは、起きていることを単純化しすぎている。

ここでも、議論に用いる用語の意味を問うことから始めることが重要である。たとえば生徒は、オンライン／オフラインを問わず、どのような行為がそもそも「いじめ」とみなされるのかを考えてみるのもよい。若者のあいだでは、なにが「ネットいじめ」なのかを見定めることはむずかしく、この言葉がさほど役に立たないと思われていることが調査で明らかにされている。[64]「いじめ」と「からかい」、あるいは「いじり」の境界は、明確とは言いがたい。同様に、なにが攻撃的であるか、虐待的であるか、そして実際に違法であるかを定義する既存の規則や基準を分析し、それらがどれほど有用であるか、効果的であるかを議論することもできるだろう。同様に、オンラインとオフラインの環境を比較することへと進むかもしれない。どのような種類のいじめや虐待がオンラインではやりやすく、あるいはやりにくいのか、またその理由はなにか。オンライン空間は必ず危険なのか、それとも危険でないのか、またどのような点で危険なのか。この点に関するさまざまなプラットフォームの可能性と制約（またはアフォーダンス）[22]はどのようなもので、ユーザーにどの程度コントロールできるのだろうか。

ここには明らかに、メディア言語の学習が含まれている。生徒は、オンライン上のさまざまな行動を収集し、異なる文脈で多様な言語がどのように使用されているかを分析することができる。たとえば、言語的側面と視覚的側面（画像や顔文字など）の相互作用や、ソーシャル・メディアでネットワークやシェアの機会がどのように利用されているかを調べるかもしれない。しかし、フェイクニュースと同様に、ここにも経済的な側面がある。フェイスブックのような企業のビジネス・モデルは、メディアを人々の仲間集団における対人関係力学の奥深くに埋め込むことに依存している。オフラインにおける社会生活のいくつかの側面は、オンライン上で強化されるかもしれない。なによりオンラインでの交流は匿名であり、潜在的なオーディエンスははるかに大きいからだ。しかし、重要な違いは、これらのすべてが今や収益化されているということである。同様の議論は、より広範な「ヘイトスピーチ」にもあてはまる。ソーシャル・メディア企業が使用する推薦アルゴリズムは、トラフィックを増し、それによって収入を増やすように設計されている。そのため、必然的にネガティブなメッセージや、恐怖や怒りといった感情的な反応を引き起こすようなものが、より重要視される。私たちは、好きなものだけでなく、嫌いなものも共有する。つまり、怒りが強ければ強いほど、それを伝える可能性が高くなる。ある面では、これは旧来のメディアにもみられる論理で、いわゆる「残酷な事件ほどトップニュース」なのだが、ソーシャル・メディアではまちがいなくそれが目立っている。[23]

こうした多次元的なアプローチは、ここでの三つ目の課題である、オンラインでの自己表現、とくに「自撮り」にも適用されるものである。[65] この問題もまた、たいていの場合、リスクと安全性の観点からのみ扱われている。評論家たちは、自撮りはしばしば自己対象化をともない、とりわけ若い女性にとって抑圧的だと論じている。フェイスブックやインスタグラムのようなプラットフォームは、ユーザーの性的対象化、ナルシシズム、「醜形恐怖症」[24] のような障害を助長するものとして、たえず非難されている。さらにいえば、ソーシャル・メディアにおいて私生活を露わにすることは、世の中の人々との比較や他者への競争心をゆがんだかたちで助長すると考えられている。一方、このような自己表現が人々をエンパワーすることもあるという意見もある。自己表現は、自己主張の一形態であり、アイデンティティに対する積極的な主張であり、ひいては美に関する従来の考え方に対する挑戦でもある（コミカルでわざと醜い自撮りをするスナップチャットの流行にみられるように）、と。このことは、障害者や性的マイノリティなど、これまで過小に、あるいは不当に表象されてきた人々にとっては、とりわけそのとおりかもしれない。ここでも、教師は議論そのものについて教える必要がある。これらの議論は、生徒自身が参加できるものなのだ。

分析についていえば、生徒たちは自撮りを、独自のルールや慣習を持つジャンルとして、メディア言語の観点から考察することができる。カメラアングル、照明、ジェスチャー、ポーズの選択、身だしなみの整え方などは、イメージがどのように構築され、どのような機能を果たすかについての幅広い想定を表している。しかし、それらは表象として分析されるべきものでもある。私たちは、このような画像のなかで、自己のどのような側面を提示したり、演じたりすることを選んでいるだろうか。いかなるジェスチャー、ポーズ、表情をとり、どのような服を着ているだろうか。どんな画像を選択してシェアし、あるいはすぐに削除するのか、そしてその理由はなにか。自撮りが適切とされる、あるいは不適切とされる状況や場面はどのようなものなのか。これらの質問に対する答えは、さまざまなソーシャル・メディアのプラットフォームにおけるアフォーダンスや、私たちがリーチしようとしている人々を映し出しており、したがって、制作とオーディエンスの問題とも関連している。フェイスブックでシェアする自分の姿は、インスタグラムのそれとは異なるかもしれないし、リンクトイン[25]や、学校や大学という学習プラットフォームではまた異なるかもしれない。このように、自撮りはけっして純粋な自己表現の場ではない。

しかし、フェイクニュースと同様に、このような自己表現もより広い文脈のなかに位置づけることが重要である。たとえば、こうした自己表現とメディアの有名人やリアリティTVの世界とのあいだには、興味深い連続性がある。また、視覚芸術における自画像の長い歴史も、この文脈で考察すると興味深い。自撮りは、自己のパフォーマンスの一種であり、アイデンティティに関する複雑で理論的な議論を深めるための有用な方法となりえる。これはとくに実践的な探究に向いている。生徒が自分のイメージを体系的に作成・操作できるようになることは、公私を隔てる問題含みで移ろいやすい境界線を探求する強力な手段となる。

これら三つのケーススタディは、より総合的なポイントをいくつか示している。私は、個々バラバラな分野に焦点を合わせるのではなく、四つの重要概念を用いて、より首尾一貫した包括的なアプローチを概説しようと試みてきた。このアプローチは、第一に、メディアをより広い視野でとらえる必要があることを示唆している。たとえば、現代のネット上の自己表現実践が、メディア・イメージの広い文脈にどのように適合しているかを理解することが重要である。同様に、「フェイクニュース」の問題が、報道、そしてメディア産業におけるより幅広い問題をいかに反映しているかを考える必要がある。狭いトピックにのみ焦点をあてることは、より大きな問題を見失うことになりかねない。

第二に、私たちはメディアをより広い社会生活の文脈でとらえる必要がある。ソーシャル・メディアがもたらす問題は、そのほとんどが固有のものではなく、むしろ多くの社会的環境にまたがる問題の延長線上にある。たとえば、ネットいじめやヘイトスピーチの場合、私たちは、ネット上のきわめて問題のある虐待の事例と、オンライン・オフラインを問わず社会生活の日常的な力学とのあいだに連続性があることを認識する必要がある。この分野の教育は、たんに問題のある行動を禁止したり警告したりするのではなく、生徒自身の実践をふり返るように促す必要がある。

第三に、メディアのリスクと安全性ばかりに注目することが、特定のメディアの使い方や表現を、役に立たないか意味のない病理的なものとみなす傾向を助長することを、これらの事例は示唆している。生徒に、さまざまな「悪いメディア」や「悪い行動」を警告する以上のことに取り組むべきである。フェイクニュースに対処するには、ファクトチェックのテクニック以上のものが必要であり、ネットいじめに対処するには、いじめを誘発する単語リストや電話相談窓口の一覧以上のものが必要である。テクニックや一覧にはほとんど意味がないだろうし、オンラインでやってはいけないことを延々と忠告されるのでは、大人と同様に若者もすぐに嫌になってしまう。場合によって、こうした警告は「禁断の果実」のような作用をもたらし、それによって人々はより刺激的で危険なものを探し求めるようになることさえあるのだ。

最後に、これらは議論を呼びかねない問題であり、そのようなものとして生徒に教えることが重要である。生徒たちは、これらの現象についてどのような主張がなされているかを調べ、その根底にある仮定や使用されているレトリックを分析し、とくにそれらが若者について示唆する意味合いをめぐって、その根拠を検討する必要がある。その過程で、生徒はより注意深く、より批判的なソーシャル・メディアの利用者になるはずである。しかし、彼らはまた、こうした広範な公の議論に対して反論することも学ばなければならない。

いうまでもなくメディア教育とは、フェイクニュースやインターネットの安全性よりもはるかに多くのことを学ぶことである。しかし、それらのトピックを、より幅広く筋の通った批判的枠組みのなかに位置づけることには意義がある。メディア教育が提供するものは、一時の懸念に対する断片的で反射的な反応ではなく、指導と学習のための厳密な概念的基礎と、試行錯誤を重ねた授業方法である。ソーシャル・メディアが発達した現代において、メディア教育がすべての若者のためのコア・カリキュラムの中核を占めるべきではない理由を、私は見出すことができない。

9 実現できること

Making It Happen

宣言の書だからこそなのだが、ここでの私の議論の大部分は、かなり修辞的、かつおそらくはユートピア的な用語でおこなわれてきた。しかし、先の二つの章では、実際のメディア教育について、とくにソーシャル・メディアとの関わりで、メディア教育がどのようなものであるかについて説明しようと試みた。ここでは、さらに地に足をつけて、「可能性の政治学」を取り上げてみたい。私のおもな焦点はイギリスの状況だが、ここで生じていることは、世界のメディア教育者にいくつかの有益な教訓を与えうるだろう。

くり返しいえば、過去数十年にわたって、世界の多くの国々でメディア・リテラシーに対する幅広い政治的な取り組みがおこなわれてきた[66]。イギリスでは、大半の場合、そうした取り組みはうわべだけのものだったが、いずれにしても今や明らかに衰退してしまっている。ひとつの大きな問題は、他国と同様に、メディア・リテラシーを推進する責任が、教育関連の省庁ではなく、メディア規制機関に与えられていることである。メディア・リテラシーが幅広い領域で取り組まれることは、歓迎すべきだろう。政治家やメディア業界の幹部が、たとえ原則論だけであったにしてもメディア・リテラシーへの支持を表明するのはよいことであり、多くの市民社会組織、NGO、ボランティア団体が真っ当な発言をしているのも興味深い。しかし、このような多岐にわたる取り組みは、持続的かつ体系的なメディア教育がなければ、意味をなさない。そして、メディア教育がすべての若者に行き渡るためには、最初から学校のカリキュラムの一部として必修化する必要があるのだ。

イギリスには非常に長いメディア教育の歴史がある[67]。メディアについて教えようという最も初期の提案は一九三〇年代初頭にさかのぼり、当時はおもに新聞や雑誌と広告、そして多少は映画にも焦点が合わせられていた。一九六〇年代には、メディアは英語（つまり母語と文学の教育）のカリキュラムの主要な要素となっていた。教師は、テレビやポピュラー音楽をはじめ、さまざまなポピュラー文化を教室に持ち込むようになっていた。一九七〇年代には、一四歳から一八歳の生徒を対象に、中等学校の最上位校に初めて「メディア研究」の専門課程が設けられた。また、他のカリキュラム科目にもメディア教育の要素は少し含まれていた。

イギリスはメディア教育の世界的リーダーとみなされているといっても過言ではない。本書で紹介したアプローチは、国際的にも影響力がある。しかし、多くの国々と同様、メディア教育の確固たる基盤を確立するための努力は遅々として進まず、挫折し、成功事例はせいぜい部分的なものであった。「メディア研究」課程の試験を受ける生徒の数は（少なくともごく最近まで）着実に増加し、大学でもこの類いの科目は著しく拡大した。しかし、「メディア研究」はさまざまな選択科目のひとつに過ぎず、これまで少数の生徒しか履修してこなかったことには留意すべきだろう。一方、イギリスの小学校では、興味深い取り組みがいくつかあるものの、メディア教育はまだほとんどおこなわれていない。

同時に、「メディア研究」は、政治的信条の違いを問わず、あらゆる政治家や評論家によって広く中傷されている。一方では、まともな学術研究の真摯さと厳密さを欠いた「ミッキーマウス科目」とみなされ、他方では、メディア産業で仕事に就くために十分な職業トレーニングを提供できていないと非難されている。[68] こうした批判は、「メディア研究」に対する無知からきている。事実の理解や、この科目が実際に生徒にもたらしている学習体験にはほとんど基づいていない。しかし、こうした批判が奇妙なほど根強いのは、一九世紀半ばにまでさかのぼる教育とポピュラー文化の関係に対する絶えざる不安を反映しているからだ。学びの対象がとるに足らない、価値のないものとみなされているため、科目そのものもそうに違いないとみなされているのだ。さいわいなことに、多くの眼識ある生徒たちはそのようには考えていない。

しかし、近年、学校での普及は逆戻りしてしまっている。「メディア研究」の専門課程は、最近、政府の一連の改革のなかで「合理化」されるに至った。[69] 保守党政府の「メディア研究」のような科目に対する敵意は、そして芸術や社会科学全般に対する不信感は、きわめて露骨である。「知識ベースのカリキュラム」などという生半可な考え方に沿って、政府はあらゆる科目を、より「厳しい」ものにしようとし始めた。「メディア研究」の場合、「理論」(というより、ご指名にあずかった「理論家たち」の珍妙な一団)がより前面に押し出されるようになったが、理論もまた、たんなる暗記試験程度のものとして道具化されてしまった。そうこうするうちにクリエイティブな制作の要素は削減され、教師は教室で学ぶメディアのテキストを選ぶ自由を大幅に減らされている。このことが、選択科目に対する他の圧力とあいまって、生徒数の減少を際立たせることになりそうだ。

一方、他の科目におけるメディア教育の展望も、あまり期待できないようだ。情報通信技術(ICT)のカリキュラムは、コンピュータ・プログラミングの訓練に終始しており、現代のテクノロジーに対する生徒の批判的理解を深める余地はほとんどなく、生徒の日々のテクノロジー体験と関連づけることもない。[70] 同時に、メディア教育は、英語が実用的技能に焦点を絞ったために、この科目から着々と閉め出されつつある。通信政策の分野ではメディア・リテラシーへの取り組みがみられるものの、教育政策ではリテラシーをますます狭く道具的なかたちでとらえ、「デジタル・メディア上のテキスト」を対象外だとして露骨に排除している。今世紀はおろか、前世紀の文化やコミュニケーションの支配的な形態にすら触れていない学校のカリキュラムで、私たちが二〇三〇年代を迎えようとしているのは、きわめて異常なことだといえよう。

カリキュラムをめぐるこうした争いの細部は国によって異なるが、いくつかの例外を除いて、世界的にみて全体的な傾向は明らかである。教育はますます一種の「象徴的な政治」の焦点となっている。政府はこれまで以上に大きな統制を施そうとし、教師の職業的自律性はどんどん損なわれてきた。とくにメディアやテクノロジーとの関連で子どもたちの状況が変化することへの懸念が、教育政策に新たな保守主義をもたらし、知識や教授方法について、より伝統的で制限された考え方に戻ろうとする動きを引き起こしている。教育政策が、想像上の黄金時代に向かって決定的に後退しているようにみえる今、メディア教育の議論を維持することはむずかしくなっている。

しかし、ここにはいくつかの際立った矛盾がある。一方では、政府は学校のカリキュラムにメディアを取り入れることに抵抗しているようにみえるが、他方では、あらゆるレベルの教育にテクノロジーを取り入れようとする商業的な動きを支援しようと躍起になっている。政治家たちは、インターネットの安全性、ネットいじめ、フェイクニュースなどの問題について、つねに声明を出す準備ができているが、しかし彼らはたいていの場合、こうした事態の広範な背景を理解せず、非常に狭い範囲での対処法を提示しがちだ。

〔アントニオ・グラムシの「知性のペシミズム、意志のオプティミズム」という言葉にならえば〕この状況は、まさしく知性のペシミズムを引き起こすかもしれないが、同時に意志のオプティミズムをも必要としている。教育は、現代の世界の現実と歩調を合わせることができなくなってきている。もしも教育が生徒の現在の経験に取り組まないのなら、教育は生徒が未来に向けた準備をするための役には立たない。教育は、メディアがますます介在するようになった環境がもたらす課題に対応できなければ、実務的な雑用、あるいは無用の長物になり下がるだろう。この事態に対応するには、たんにカリキュラムの端に科目を追加するのではなく、根本的な改革が必要だ。

このような進展には、政策は必要条件ではあるが、十分条件ではない。政策文書があっても、よくあることだが、それが実行されないのであれば意味がない。効果的なメディア教育には、綿密な教員研修、持続的な専門能力開発、教員団体やネットワークへの支援が必要である。教科書にとどまらない質の高い教材も必要だ。また、保護者、市民社会組織、メディア産業などとの対等で生産的なパートナーシップも役立ってくれるだろう。そして、その目的がどの程度達成されているかを見極めるために、しっかりと査定されなければならない。しかし、なによりも教師が主役として運転席に座るべき、中心であるべきである。あらゆる専門的知見が、教育改革は、教師がその改革に対して主体的であることによってのみ、有意義で持続的なものとなることを示している[71]。

カリキュラムに関しては、いくつかの面を同時に進める必要がある。メディア教育を独立した教科とするか、教科横断的な題目とするかという議論が続いている。他科目の一部に組み込むことには一理ある。教師はカリキュラムのほぼすべての領域でさまざまな種類のメディアを用いるが、しかし、ただ道具やコンテンツを提供する手段としてではなく、批判的に使うよう促されるべきだ。ほとんどの場合、生徒はある教科(たとえば科学や歴史など)について、少なくとも部分的にはメディアから——メディアが伝える事実からだけではなく、フィクションからも——得た既存の知識を持っている。教師はそうした知識を認識し、利用し、生徒が疑問を持つように仕向けなければならない。

ソーシャル・メディアに関していえば、本書で取り上げたトピックは、さまざまな教科で扱うことができる。たとえば、歴史の教師には、さまざまな情報源がいかにして歴史的な出来事を描き出すかを幅広く分析する一環として、「フェイクニュース」や「陰謀論」の歴史的役割を考察することが期待される。地理学の教師は、情報のグローバルな地政学や、ソーシャル・メディア企業のような多国籍企業の役割に取り組むべきだろう。「人格的社会的健康教育[26]」の教師は、仲間集団内の人間関係や若者の心身両面の健康に対してソーシャル・メディアが果たす役割にぜひ取り組むべきである。

ここでの私の議論に照らせば、批判的メディア教育のアプローチをテクノロジーという科目に組み込むべきだという考え方への期待も高まっている。プログラミングは、子どもたちが興味を持つなら学ぶ機会を持つべきスキルだが、しかし、それが彼らの「問題解決」に役立つとか、就職に不可欠な準備であるとか、したがってすべての子どもに教えるべきだというのは、まったくまちがっている[72]。子どもたちは、デジタル技術がどのように作動するのかを知る必要があるが、デジタル・メディアが産業として、また表現のかたちとしてどのように機能するかを理解する必要もある。子どもたちがテクノロジーの積極的で強力なユーザーになるには、技術的なスキルだけでなく、テクノロジーの社会的、政治的、経済的、文化的な理解も必要である。

メディア教育は、これらすべての科目の重要な要素となりうるし、またそうなるべきである。しかし、ここまで論じてきたようなかたちでメディア教育をカリキュラムのあちこちにまき散らすと、断片的で表層的なものになってしまいがちである。これまで説明したような理由から、より体系的で首尾一貫した、包括的な戦略が必要だろう。適切な訓練を受けた専門の教師によって教えられる科目が、万人のための基本的権利として、必要なのだ。高学年の子どもたちには、専門的な科目を履修する機会が与えられるべきであるが、低学年の子どもたちに関しては、英語という科目、つまり母語教育がメディア教育にふさわしい場所であることは明らかである。[73] 必要なのは、あらゆるかたちのメディアをまとめて扱う単一の科目である。現代社会において、カリキュラムのある分野では本について教え、別の分野では他のメディアについて教えるというのは意味をなさない。

リテラシーという概念が、いろいろな問題をはらみつつも、この課題に取り組むための有効な方法であることに変わりはない。現代的なリテラシーの取り組みは、伝統的なメディアと並んで、現代的なメディアの研究を必然的にともなうが、重要なのは、リテラシーのあり方が、たんに道具的・機能的ではなく、批判的であることだ。この点で、メディア教育が英語教育に提供するものはたくさんある。私が概説した理論的アプローチが、文学を含むさまざまな種類のテキストや文化現象に適用できることは明らかである。そのなかで、あらゆる形態の文化やコミュニケーションについて教えるための、より包括的で一貫したアプローチを開発し、カリキュラムの中心に据える必要がある。

もちろん、メディア教育は学校などの正規の教育機関の枠を超えておこなわれるべきであり、実際、いくつかの点でメディア教育にはそのための特別な環境が整っているといえる。メディアは若者に声をあげる機会を提供し、彼らがより多くの人々に語りかけることを可能にする。メディア教育は、つねにシティズンシップや市民活動にまつわる役割を担ってきたが、現代の政治情勢のもとで、その役割は緊急性を増している。ここで取り上げる余裕はなかったが、学校の外でおこなわれている、とくに不利な立場にある若者を対象とした、刺激的なメディア教育の取り組みがある。[74] この種の最も興味深いプロジェクトのいくつかは、発展途上国や紛争地帯で実践されている。創造性と自己表現の促進を主目的とする場合もあるが、多くは社会的、政治的参画やアクティビズムを指向するものでもある。

このようなプロジェクトの取り組みはおおむね実践的だが、主流メディアを鋭く批判的に分析することもある。その最も効果的な活動は、実践と批判の二つを結びつけようとするものだ。こうしたプロジェクトの質と効果はどうしてもばらつきがあるため、その評価はしっかりとされる必要がある。しかし概して、それらは支援に値するものであり、より継続的な資金提供がなされるべきである。私の考えでは、学校のメディア教育者たちは、このようなインフォーマルでコミュニティに根ざした取り組みから、なかでもより幅広いオーディエンスとの関わりを実現させるその方法から、学べることがたくさんあるはずだ。

とはいえ、このようなプロジェクトに参加できるのは、ごく一部の若者だけである。学校教育が最も重要な場所であることに変わりはない。学校は、すべての子どもたちがかなりの時間を過ごさなくてはならない機関であり、（いくつかの理由から）一部のテクノロジー愛好家によるユートピア的な主張に反して、今後もそうであり続けるだろう。学校はさまざまなメディアやテクノロジーへの依存度を高めているが、それらを限定的かつ機能的に使う傾向がある。一方、子どもたちは、かつてないほどにメディアがあふれかえった世界で育っている。メディア教育は、すべての若者にとって、学校生活の始まりから基本的な権利となる必要があり、すべての学習者にとってカリキュラムの中心に位置づけられるべきである。

結び

メディア教育ははたして今のままで十分なのだろうか？　批判的なメディア分析を教えるだけでは、メディア環境の変化、ましてや現代世界のより広範な社会的・政治的混迷の課題に対処するには不十分だと主張する声もある。ヘイトスピーチや偽情報の原動力となる勢力は、明らかにきわめて幅広く、そして根深い。ポピュリズム政治、暴力的過激主義、政治論争の分極化と対立基調の高まりは、たんにソーシャル・メディアの影響として片づけることはできない。こうなるとメディアは原因というより、むしろ結果としての様相を呈しているのかもしれない。このような状況を前にして、メディアに対してより距離を置いたアプローチを進めようとすることは、あまりにも理性主義的な対応にみえるだろう。メディア教育がシニシズムや不信感という、陰謀論の根幹に横たわる重要な特徴を助長する危険性さえある[75]。

こうした議論にもなにがしかの真実はある。私が示唆したように、メディア環境の要求に対処する方法を教えるだけでは十分ではないし、さらにそのようなことはたんなる個人の責任問題であってはならない。表面的で理性主義的なアプローチは役に立たない。懐疑的な態度とシニシズムを混同してはならない。メディア教育とは、コミュニケーション手段を目的意識を持って批判的に利用するためにある。そして、メディアがどのように機能するかを理解し、メディアに媒介された世界に対処するだけでなく、メディアの媒介によってものごとの存在様式がいかに変わるかを想像できるようにする営みでなければならない。メディア教育は、批判的な理解を促進するが、批判的な理解は現実的な行動に結びついているべきである。

メディア教育はメディア規制の代用品などではない。それどころか、メディアを改革するためのより広範な運動と連動する必要がある。豊かで多様かつ健全なメディア環境を望むのであれば、批判的で見識のあるオーディエンスが明らかに必要だ。しかし、オーディエンスもまた、たんに利用されるのではなく、尊重されるべきである。私たちはメディア教育者として、わけのわからない不安や、十分に理解されていないだけの問題に対してただ応えるだけにならないように気をつけなければならない。メディアが公衆の利益のためにどのように動員されうるかを理解するためには、より包括的なとらえ方が必要である。その過程で、教育そのものが達成できることの限界を認識する必要がある。学校はきわめて大切な公共機関だが、その運営には大きな制約がある。教育だけでは、私たちが直面している問題の十分な解決策にはならない。教育者は、より幅広い変化や改革を促すために、他の公的機関や民間公益団体と協働する必要がある。

それでは、とくにソーシャル・メディアに関しては、どのような改革が必要なのだろうか？[76] まずはじめに、インターネットを清潔な水や空気のように、基本的な公共の資源としてとらえることだろう。情報が真に共有されるような、非商業的な公共空間を手に入れるためには、それを維持するための制度や仕組みが必要だ。私たちの主要なコミュニケーション・チャンネルが、たとえ部分的にでも民間企業によって運営されているのなら、厳しい規制と説明責任が求められ、商業的独占は積極的に阻止され、解体されるべきである。きわめて基本的なことをいえば、これらのデジタル企業は税金を納めるべきだということだ。彼らは現在、大半の納税を逃れているのだ。こうした税金、そしてデジタル企業の巨額の利益に対するさらなる課税は、信頼できるオンライン・コンテンツの制作、社会から排除された人々に対するインターネットへのアクセスの提供、メディア教育のためのツールやリソース、トレーニングの開発などといった、公共的な情報提供や文化的活動の資金に充てればよい。

二つ目の基本的なポイントは、グーグルやフェイスブックのような企業は、それらが提供するコンテンツを誰が作るかにかかわらず、メディア企業としてとらえられる必要があるということだ。これらの企業は、たんにサービスを提供するテクノロジー企業として、つまり中立的な仲介者として自らを印象づけたがる。これによって彼らは、自らが公開し、流通させるコンテンツに対するいっさいの編集責任を逃れているのだ。編集責任を負うということは、これらのプラットフォームが、たとえば政治的広告やヘイトスピーチやハラスメントに関する既存のメディア規制に従う必要があることを意味する。そうした法律はしっかりと存在しているが、インターネットの世界への適用方法にはほとんど一貫性がない。

三つ目に大切なのは、個人情報の使用をめぐる領域だ。プラットフォームにアクセスする際、ユーザーは自分の個人情報に対する権利を譲渡しなければならない。それらの個人情報は第三者に売却され、好きなように使われるのだが、利用規約の「同意する」にチェックを入れることで、なにが危険にさらされているかを理解している人はほとんどいない。ソーシャル・メディア・コンテンツの制作に関わる「労働」は誰が担っているのか、そして制作されたものの所有者は誰なのかをめぐっては、複雑な問題がある。ここにもまた、教育の役割はあるが、たとえユーザーはなにが起きているのかを理解していたとしても、一般的に彼らにはほとんど選択肢がない。しかし少なくとも私たちには、企業や政府による個人情報の収集と利用に対し、より高い透明性と、より強い管理権限を手にする権利はある。

以上の問題を解決するのは容易ではない。プラットフォームはいずれもグローバルなメディアであり、各国政府による規制の試みのほとんどをかわしている。言論の自由もまたむずかしい問題である。私たちはどれだけの自由を望み、必要としているのか、そしてそもそも、今現在、自由があるのかどうかを考える必要がある。政府にこうしたメディアを規制する能力があるのか、そもそも本当に規制したいと思っているのか、疑問に思うのも無理はないだろう。しかし、これまでのところ私たちが目にしてきたのは、きわめて断片的な対応、つまり最新の問題に対する手っ取り早い解決策を見出そうとするうわべだけの試みで、実質的で首尾一貫したアクションはみあたらない。

こうした状況のなかで、教育には果たすべき役割がある。しかし、教育は、より幅広い戦略の一部として自らを位置づける必要がある。新しいメディア環境をめぐる問題は、個人主義的な解決策以上のものを必要としている。突きつめていえば、教育がなすべきは、すでに存在することがらを理解し、それに対処できるようにすることだけではない。教育は、人々が新たな構想を模索し、変化を要求することを促すものでなければならないのである。

原注

これは、宣言の書であり、学術書ではない。そのため、注も引用も最小限に留めるようにした。いくつかの注では、議論をもっと長く展開し、より広範な参照文献をつけた、私の他の著作を参照している。

（1）概要については、私の記事 'Do We Really Need Media Education 2.0?', pp. 287-304 in K. Drotner and K. Schrøder (eds.), *Digital Content Creation* (New York: Peter Lang, 2010) を参照。

（2）この例としては、以下のようなものも含まれる。ジャロン・ラニアーの『今すぐソーシャルメディアのアカウントを削除すべき一〇の理由』（亜紀書房、二〇一九年）、ジェームズ・ブライドルの『ニュー・ダーク・エイジ――テクノロジーと未来についての一〇の考察』（ＮＴＴ出版、二〇一八年）、それから、ティム・ウーの *The Attention Merchants* (New York: Atlantic, 2017)。

（3）議会での証言。二〇一八年四月一〇～一一日。https://www.cnbc.com/2018/04/10/watch-facebooks-mark-zuckerberg-testify-before-congress.html.

（4）たとえば、https://www.inc.com/john-brandon/science-says-this-is-the-reason-millennials-check-their-phones-150-times-per-day.html.

（5）https://www.socialmediatoday.com/news/this-is-what-happens-in-an-internet-minute-infographic/524426/.

（6）https://www.theguardian.com/environment/2017/dec/11/tsunami-of-data-could-consume-fifth-global-electricity-by-2025.

（7）*Teens, Social Media and Technology* report: http://www.pewinternet.org/2018/05/31/teens-social-mediatechnology-2018/.

（8）*Children and Parents: Media Use and Attitudes Report* 2017: https://www.ofcom.org.uk/__data/assets/pdf_file/0020/108182/children-parents-media-use-attitudes-2017.pdf.

（9）たとえば、https://wearesocial.com/it/blog/2018/01/global-digital-report-2018/ を参照。

（10）https://www.facebook.com/worldeconomicforum/posts/if-facebook-were-a-country-itwould-be-muchbigger-than-china/10153447995736479/.

（11）ＧＡＦＡ企業に関する統計は、ロイター、Valut.com〔現在はサイト閉鎖〕、ガーディアン紙のテクノロジー関連のページなど、さまざまなオンライン情報源から入手した。

（12）レイモンド・ウィリアムズ『テレビジョン——テクノロジーと文化の形成』（ミネルヴァ書房、二〇二〇年）。

（13）Fred Turner, *From Counterculture to Cyberculture* (Chicago: University of Chicago Press, 2006）を参照。

（14）イヴァン・イリッチ『脱学校の社会』（東京創元社、一九七七年）。

（15）Richard Barbrook and Andy Cameron（1996）'The Californian Ideology', at http://www.imaginaryfutures.net/2007/04/17/the-californian-ideology-2/.

（16）例外的に包括的な研究として、James Curran, Natalie Fenton and Des Freedman, *Misunderstanding the Internet* (2nd ed. London: Routledge, 2016）を参照。

（17）ここでの根拠は、私の本、*Beyond Technology: Children's Learning in the Age of Digital Culture*（Cambridge: Polity, 2007）で論じた。最近の動向は、Neil Selwyn, *Is Technology Good for Education?*（Cambridge: Polity, 2016）を参照。

（18）私の投稿を参照。'Why Children Should NOT Be Taught to Code', at https://davidbuckingham.net/2015/07/13/why-children-should-not-be-taught-to-code/.

（19） 目配りの効いた概説として、以下を参照。Elisabeth Staksrud, *Children in the Online World: Risk, Regulation, Rights* (London: Routledge, 2016).

（20） 私の投稿を参照。‘Cyberbabble: Screens and Young People’s Mental Health’, at https://davidbuckingham.net/2017/10/04/cyberbabble-screens-and-young-peoples-mental-health/.

（21） この領域には莫大な文献があるが、いまなおメディアの効果研究に関する問題の最良の分析は、Martin Barker and Julian Petley の編著、*Ill Effects* (London: Routledge, 2001) である。

（22） またしても大量の文献があるが、最良の歴史的概要のひとつは、John Springhall, *Youth, Popular Culture and Moral Panics* (London: Palgrave, 1999) である。

（23） エイミー・オルベンによる有益な批評を参照。https://www.theguardian.com/science/head-quarters/2018/apr/23/why-hunts-screen-time-limits-for-kids-are-scientific-nonsense.

（24） ヘレ・ストランドガード・ジェンセンと私の書いた media panics についての批評を参照。‘Beyond “Media Panics”: Reconceptualising Public Debates about Children and Media’, *Journal of Children and Media* 6(4) (2012): 413–429.

（25） ソニア・リビングストーンと仲間たちの仕事は、その見本である。たとえば以下を参照。Sonia Livingstone, Leslie Haddon, Anke Görzig and Kjartan Ólafsson, *Risk and Safety on the Internet: The Perspective of European Children* (London: London School of Economics, 2011).

（26） Sara Bragg, ‘Just What the Doctors Ordered ? Media Regulation, Education and the “Problem” of Media Violence’, in Martin Barker and Julian Petley (eds.), *Ill Effects* (London: Routledge, 2001) を参照。

（27） 私の投稿を参照。‘The Problem with Teaching Internet Safety’, at https://davidbuckingham.net/2017/10/19/the-problem-with-teaching-internet-safety/.

(28) たとえば、ニコラス・ローズ『魂を統治する――私的な自己の形成』（以文社、二〇一六）を参照。
(29) 私は Richard Wallis との共著である二つの論文でこの筋書きを述べている。ひとつは、'Arming the Citizen-Consumer: the Invention of "Media Literacy" within UK Communications Policy', *European Journal of Communication* 28(5) (2013): 527–540 である。もうひとつは、'Media Literacy: the UK's Undead Cultural Policy', *International Journal of Cultural Policy* 25(2) (2019): 188–203 である。
(30) https://www.theguardian.com/education/2004/jan/21/highereducation.uk2.
(31) https://assets.publishing.service.gov.uk/government/uploads/system/uploads/attachment_data/file/228844/7650.pdf.
(32) Richard Wallis and David Buckingham,'Media Literacy: the UK's Undead Cultural Policy', *International Journal of Cultural Policy* 25(2) (2019): 188–203 より引用。
(33) https://unesdoc.unesco.org/ark:/48223/pf0000225606.
(34) http://europa.eu/rapid/press-release_IP-07-1970_en.htm. 以下の私の投稿も参照。'Media Literacy Policy in Europe: Where Are We Going ?' at https://davidbuckingham.net/2018/05/18/media-literacy-policy-in-europe-where-are-we-going/.
(35) 詳細は、私の投稿を参照。'Fake News: Is Media Literacy the Answer ?' at https://davidbuckingham.net/2017/01/12/fake-news-is-media-literacy-the-answer/.
(36) イーライ・パリサー『フィルターバブル――インターネットが隠していること』（ハヤカワ文庫ＮＦ、二〇一六年）を参照。
(37) ニック・スルネック『プラットフォーム資本主義』（人文書院、二〇二二年）を参照。コミュニケーション資本主義については以下を参照。Jodi Dean, *Democracy and Other Neoliberal Fantasies* (Durham, NC: Duke University

Press, 2009).

（38） https://www.washingtonpost.com/news/the-intersect/wp/2016/08/19/98-personal-data-points-that-facebook-uses-to-target-ads-to-you/?noredirect=on&utm_term=.a7256f1ec183.

（39） Tom Slee, *What's Yours is Mine* (London: OR Books, 2015) を参照。メディアへの応用については私の投稿 'Media and the Sharing Economy', at https://davidbuckingham.net/2017/05/02/media-and-the-sharing-economy/ を参照。

（40） この論点に対しては膨大な議論がある。ひとつの考え方として、Christian Fuchs, *Social Media: A Critical Introduction* (2nd ed. London: Sage, 2017) を参照。

（41） https://www.theguardian.com/technology/2018/feb/16/parents-killed-it-facebook-losing-teenage-users?CMP=twt_a-media_b-gdnmedia.

（42） 大人のメディア利用と態度に関するオフコムの研究を参照。https://www.ofcom.org.uk/__data/assets/pdf_file/0011/113222/Adults-Media-Use-and-Attitudes-Report-2018.pdf.

（43） キャシー・オニール『あなたを支配し、社会を破壊する、ＡＩ・ビッグデータの罠』（インターシフト、二〇一八年）を参照。

（44） この話題については、オープン・ユニバーシティの学生のための入門書「批判的に考える」が役に立つ。https://studenthublive.open.ac.uk/sites/studenthublive.open.ac.uk/files/files/thinking-critically.pdf.

（45） メディア教育者の「批判的思考」の考えが歴史的にどのように変化したのかについて、私は以下の論考で論じている。https://ddbuckingham.files.wordpress.com/2018/07/going-critical.pdf.

（46） 拙著『メディア・リテラシー教育——学びと現代文化』（世界思想社、二〇〇六年）の第４章で、このアプローチについて詳しく論じている。

(47) 私の以下の論文を参照。'Media Education in the UK: Moving beyond Protectionism', *Journal of Communication* 48(1) (1998): 33–43.

(48) 『メディア・リテラシー教育』(世界思想社、二〇〇六年) 第7章から第9章をとくに参照。

(49) 『メディア・リテラシー教育』(世界思想社、二〇〇六年) の第7章にはこれに関連する研究の短い要約がある。

(50) David Gauntlett, *Media Studies 2.0* (self-published, 2011) を参照。それに対する私の批判は、'Do We Really Need Media Education 2.0 ?', in K. Drotner and K. Schrøder (eds.), *Digital Content Creation* (New York: Peter Lang, 2010) を参照。

(51) この領域での議論の批判的な概説として、以下の論評を参照。Shakuntala Banaji, Andrew Burn and David Buckingham, *The Rhetorics of Creativity* (London: Creative Partnerships, 2010).

(52) 『メディア・リテラシー教育』(世界思想社、二〇〇六年) 第5章を参照。

(53) 各領域の目的を概説し、評価の手段を提言している以下の要約を参照。https://ddbuckingham.files.wordpress.com/2015/04/media-literacy-concepts-processes-practices.pdf; https://ddbuckingham.files.wordpress.com/2015/04/media-literacy-assessment.pdf.

(54) Michael Thomas (ed.), *Deconstructing Digital Natives* (London: Routledge, 2011) を参照。

(55) ここでも、『メディア・リテラシー教育』(世界思想社、二〇〇六年) を参照。とくに第7章から第9章を参照。

(56) この章と次の章は、私のブログにある「ソーシャル・メディアを教える」という見出しをつけた一連の五つの投稿をもとにしている。https://davidbuckingham.net/blog/. そして、以下も参考にしている。José van Dijk, *The Culture of Connectivity* (Oxford: Oxford University Press, 2013); Graham Meikle, *Social Media:*

Communication, Sharing and Visibility (London: Routledge, 2016); Christian Fuchs, *Social Media: A Critical Introduction* (London: Sage, 2017) and Daniel Chandler and Rod Munday, *A Dictionary of Social Media* (Oxford: Oxford University Press, 2016).

(57) 大まかにいえば、このアプローチは、伝統的な記号論ではなく、社会記号論と言説分析に基づいた方法を必要としている。入手可能な入門書として、David Machin and Andrea Mayr, *How to Do Critical Discourse Analysis* (London: Sage, 2012) を参照。

(58) これを題名とするジェイ・ローゼンの論文は、http://archive.pressthink.org/2006/06/27/ppl_frmr.html を参照。

(59) ここで最も役立つアプローチは、社会問題に関する「社会構築主義者」の観点である。Joel Best, *Social Problems* (New York: Norton, 2008) を参照。

(60) この領域のより詳しい内容は、私の投稿 'Can We Still Teach about Media Bias in the Post-Truth Age?' at https://davidbuckingham.net/2017/02/01/can-we-still-teach-about-media-bias-in-the-post-truth-age/ を参照。

(61) オンライン・ポルノに関する以下の私の提案は、一部の人にとっては早すぎたようだ。https://ddbuckingham.files.wordpress.com/2015/04/online-porn.pdf.

(62) English and Media Centre, *Doing News* はよい教材だ。また、初等学校の子どもたち向けの教材 (*Developing Media Literacy*) にはニュース関連のセクションが設けられている。www.englishandmedia.co.uk を参照。

(63) 私の投稿を参照。'Radicalisation, social media and young people', at https://davidbuckingham.net/2016/01/14/radicalisation-social-media-and-young-people-why-we-need-a-more-thoughtful-approach/.

(64) Family Kids and Youth が二〇一六年に出した報告書を参照。http://www.kidsandyouth.com/wp-content/uploads/2017/04/FKY-21.4.17-Cyberbullying-Quantitative-Report.pdf.

(65) 詳しくは、私の投稿を参照。'Self, Self, Self: Representing the Self in the Age of Social Media', at https://davidbuckingham.net/2016/03/24/self-self-self-representing-the-self-in-the-age-of-social-media/.

(66) Alton Grizzle et al., *Media and Information Literacy: Policy and Strategy Guidelines* (Paris: UNESCO, 2013); Divina Frau-Meigs, Irma Velez and Julieta Flores Michel (eds.), *Public Policies in Media and Information Literacy in Europe* (London: Routledge, 2017) を参照。

(67) 『メディア・リテラシー教育』(世界思想社、二〇〇六年) 第1章に簡単な歴史をまとめている。一九三〇年代から一九八〇年代までのはるかに詳しい説明は以下で手に入れられる。Terry Bolas, *Screen Education: From Film Appreciation to Media Studies* (Bristol: Intellect Books, 2009).

(68) Lucy Bennett and Jenny Kidd, 'Myths about Media Studies: The Construction of Media Studies Education in the British Press', *Continuum* 31 (2) (2016): 163–176 を参照。

(69) これらの進展の説明としては私の論考、'The Strangulation of Media Studies', at https://ddbuckingham.files.wordpress.com/2017/08/strangulation-final-2.pdf を参照。

(70) これについては、Ben Williamson の考察、'Coding for What ?' at https://codeactsineducation.wordpress.com/2017/06/19/coding-for-what/ を参照。

(71) 長期間にわたる歴史的考察としては、David Tyack and Larry Cuban, *Tinkering Toward Utopia: A Century of Public School Reform* (Cambridge, MA: Harvard University Press, 1997) を参照。

(72) ここでも私の投稿、'Why children should NOT be taught to code', at https://davidbuckingham.net/2015/07/13/why-children-should-not-be-taught-to-code/ を参照。

(73) The National Association for the Teaching of English が刊行した特集号 *Teaching English*, 17 (2018) を参照。

(74) たとえば、JoEllen Fisherkeller (ed.), *International Perspectives on Youth Media: Cultures of Production and Education*

(New York: Peter Lang, 2011）を参照。発展途上国と紛争地帯での取り組みについては、Sanjay Asthana, *Innovative Practices of Youth Participation in Media* (Paris: UNESCO, 2006)、および、*Youth Media Imaginaries from Around the World* (New York: Peter Lang, 2012）を参照。

（75） こうした議論をめぐる示唆に富む考察として、Paul Mihailidis, 'Civic Media Literacies: Re-Imagining Engagement for Civic Intentionality', *Learning, Media and Technology* 43（2）(2018): 152–164 を参照。

（76） ここでこうした問題の詳細を扱うことはできない。行政の命令についての行き届いた分析として、Martin Moore, *Tech Giants and Civic Power*（London: King's College, 2016）, https://kclpure.kcl.ac.uk/portal/files/109250793/Tech-Giants-and-Civic-Power.pdf を参照。

訳注

〈1〉　おもにマイケル・ゴーヴ（二〇一〇―一四）、ニッキー・モーガン（二〇一四―一六）らの言動を指す。イギリスでは、二〇一〇年にそれまでの労働党政権から、保守党・自由民主党の連立政権へと変わり、二〇一五年からは保守党単独政権となった。この間、イギリスの教育水準を引き上げるべく推し進められてきた教育改革は、それまで重視されていた技能よりも特定の科目の知識を重視するものであった。

〈2〉　GCSEとAS、Aレベルの改革を指す。GCSE（General Certificate of Secondary Education）とは、イギリスの中等教育修了を判定する試験のことである。AS、Aレベルとは、GCEのASレベル、Aレベル（General Certificate of Education, Advanced Subsidiary Level / Advanced Level）を意味し、高等教育入学資格のことである。教育改革により、特定の科目の内容が重視される一方で、他の科目の内容は簡略化が図られた。

〈3〉　スナップチャットというサービスを利用した写真や動画の作成のこと。

〈4〉　二〇〇六年、ジャック・ドーシーによって立ち上げられたソーシャル・メディア。地球規模で多様な人々のN対Nのつながりを可能にしたと同時に、炎上やフェイクニュースの温床ともみなされてきた。二〇二二年、電気自動車のテスラ、航空宇宙企業のスペースXなどを運営する起業家、イーロン・マスクが約五兆六〇〇〇億円で買収し、二〇二三年に名称をX《エックス》に改変、インターフェイスやアルゴリズムの大幅な変更をおこなった。しかし経営的には厳しい状況に置かれている。Xは、一般用語としても本書でも使われている「ツイート」を「ポスト」へ言い換えることなどを提唱している。本書では原文を尊重し、ツイッター、ツイート、つぶやくなどの用語をそのまま使用する。

〈5〉難易度が低いと思われている選択科目や教育内容のこと。本来は多様な学習ニーズに応えるものであるが、従来からあるカリキュラムを絶対視するあまり、それらは学力の低い学習者に用意されたものととらえられる場合がある。

〈6〉家庭でのコンピュータの利用のこと。一九九〇年代後半あたりから、おもにインターネットに接続可能なコンピュータによって、メールやショッピングなどが徐々に可能になった。

〈7〉アメリカ西海岸における自由奔放な生活を追求するヒッピー思想と、シリコンバレーのハイテク産業が結びついたとされる思想。ここでは、インターネットによって人々は平等になる一方で、金持ちにもなるという矛盾を突いた表現として使われている。

〈8〉性的欲求を刺激するような文章や画像などをやりとりする行為。

〈9〉マウスを押す動作（＝クリック）を誘導《ベイト》するもの。インターネット上の記事などにわざと煽情的な見出しをつけてユーザーの興味をひき、マウスをクリックさせて閲覧者数を稼ぐために用いられる。

〈10〉インターネットの世界が自分の見たい情報のみで構成されることを示した語。おもに、検索サイトでの検索結果が、ユーザーの見たくない情報を遮断《フィルター》して表示されるために起きる。その状態を比喩的に、泡《バブル》の中に閉じ込められたような状態ととらえている。

〈11〉ここで筆者は、若者にとってのソーシャル・メディアを、旧約聖書においてアダムとイブが食べることを禁止されていたにもかかわらず、その魅力に負けて食べてしまったエデンの園の「禁断の果実」にたとえている。保護主義者的アプローチが、ソーシャル・メディアの危険性や問題点をあげつらい、若者を遠ざけようとすればするほど、それが「禁断の果実」のように若者を魅了してしまいかねないことを指摘している。

〈12〉労働党の政治家。二〇〇一～二〇〇七年のあいだ、ブレア政権、ブラウン政権で文化、メディア、スポーツ大臣を歴任。二〇〇三年通信法の責任者でオフコムの設立に尽力した。

〈13〉一九八八年、サッチャー政権下で、教育改革法が制定され、導入されたカリキュラム。義務教育の教育水準の向上をめざすもので、必修教育や基礎的な科目と各学年でどのような内容が学習されるべきかを示したもの（日英教育学会編『英国の教育』東信堂、二〇一七年、一九頁）。

〈14〉アップルやグーグルのように、他の企業に、ハードウェアとソフトウェアの双方を提供する企業が資本主義を新たなステージへと展開させた。つまり、それらはプラットフォームとして機能し、企業の経営方法、他の企業との連携に大きな変革をもたらした。このような資本主義のあり方を示した言葉。カナダの哲学者ニック・スルネックが二〇一六年に出版した本の書名に由来。

〈15〉二〇一八年、フェイスブック（当時）は、過去に八七〇〇万人近い米国ユーザーの個人情報が、英国のコンサルティング会社ケンブリッジ・アナリティカ（CA）に不正取得されていた可能性があることを公表した。CAは個人情報をAIで分析し、SNSを使って人々の選挙投票行動を操ることを商売にしており、トランプが勝利した大統領選挙を左右したのではないかと報道されて、大きな社会問題となった。これをきっかけに、それまでコンテンツ流通のためのプラットフォームに過ぎないと自認してきたフェイスブックをはじめとするGAFAの社会的責任論や、フィルターバブルの問題が議論されるようになった（水越伸「メディアと社会」『現代用語の基礎知識2019』（自由国民社、二〇一八年、四五七頁）をもとに加筆訂正）。

〈16〉利用者の情報管理や情報検索をサポートするアプリケーションのこと。アップルのシリ（Siri）、アマゾンのアレクサ（Alexa）などがある。

〈17〉インターネット・ミームの略語で、ソーシャル・メディアなどで話題となって拡散される画像、動画などのこと。いわゆる画像ネタ。かつて進化生物学者のリチャード・ドーキンスが、人間のあいだで拡散、伝承される儀式や習慣、物語などの文化的情報を指して「ミーム」という造語をつくったが、ここでのミームはそのうちインターネット上で拡散、展開する情報を指している。

〈18〉インスタグラムのホーム画面のこと。投稿をはじめ、利用者に応じた情報が随時提供される。

〈19〉ソーシャル・メディアなどでユーザー自らが生成するコンテンツのこと。現在のインターネット上に展開するプラットフォーム企業は、かつての新聞や放送とは違い、一般利用者が制作したコンテンツを流通させている。ここではマスメディアがＵＧＣといかに関わっているかを生徒たちが批判的にとらえることを論じている。

〈20〉Producer と Consumer が一体化した、新しい人間像を意味する、未来学者アルビン・トフラーの造語。ここで著者は、メディアが提供したものを消費するたんなる消費者とは異なる存在で、制作ができる視点を強調している。

〈21〉ソーシャル・メディアの世界で、コミュニケーションをする範囲や人が限定され、アルゴリズムによってくり返し表示されるため、特定の信念や考えが増幅・強化される現象を示した語。その状態を、小さな部屋《チェンバー》で音が反響《エコー》する現象にたとえたもの。

〈22〉人を特定の感情や行動へと誘うしくみ。

〈23〉血が流れるような事件をマスコミが好んで取り上げるようにみえるさま、また、そうした残酷なニュースを大衆が望んでいることを指した俗語。

〈24〉自らの身体が醜く感じられたり、他人よりも劣っているという感覚に囚われるような症状が現れる精神医学的障害のひとつ。

〈25〉ビジネスに特化したソーシャル・メディア、および同サービスを提供するシリコンバレーの企業。LinkedIn.

〈26〉イギリスにおいてキーステージ１～４（五歳～一六歳）に設定され、推奨されている学校が独自におこなう教育活動。薬物・アルコール・タバコ、栄養と体育、市民教育などの内容から構成されている。

解説

水越伸

『メディア教育宣言――デジタル社会をどう生きるか』は、メディア教育の第一人者であるイギリスの研究者デビッド・バッキンガムが二〇一九年に刊行した小さな書物（*The Media Education Manifesto*）の翻訳である。

原著を出版したポリティ社はリベラルで良質な社会科学系の本を出す出版社であり、バッキンガムもずいぶんたくさんの著書をここから出している。近年、同社はメディア・コミュニケーション研究の領域で「宣言シリーズ（The Manifesto Series）」を出版しはじめた。本書はその一冊目であり、二〇二三年夏の時点では『コミュニケーション宣言（*The Communication Manifesto*）』『メディア宣言（*The Media Manifesto*）』『ジャーナリズム宣言（*The Journalism Manifesto*）』

が続いている。

批判精神をしっかり持ったメディア・コミュニケーション研究の第一人者に、平明な言葉を使って簡にして要を得た社会的な提言をしてもらうための小冊子。それがこの宣言シリーズのモットーだ。その背景には、危機の時代において研究者は、学問領域にこもってしまうのではなく、社会実践に積極的に介入していく新たな知識人としてあるべきだという考えがある。マルクス、エンゲルスの『共産党宣言』が想起されることはいうまでもない。

メディア教育の領域でそうした宣言書を出す人物として、私はバッキンガムはまことにふさわしいと思う。彼自身はマルクス、エンゲルスにならって、本書の、そしてメディア教育の目的を、「世界をただ解釈するだけではなく、世界を変えることにある」と記している。

バッキンガムは怒っている

本書『メディア教育宣言』において、バッキンガムは怒っている。もちろんその態度は激情に駆られて思いの丈《たけ》を述べるとか、感情のおもむくままに何者かを攻撃するといったものではない。ただこの宣言書の行間からは、二〇一六年の国民投票でイギリスのEU離脱（Brexit）が決まって以降、混乱を極めるイギリス社会にあって、ソーシャル・メディアが台頭する混沌

とした メディア状況に取り囲まれつつ、なかなかうまい方策や手立てを打てないで右往左往する行政、学校、ジャーナリズム、大学など、幾重にも折り重なる社会組織のあり方に対する深い怒りの念が感じられるのだ。彼はその怒りを糧にして、関係者を叱咤激励し、今後のメディア環境とメディア教育のあるべき姿を描き出そうと獅子奮迅の論陣を張っている。

バッキンガムの怒りとはなにか。ここでは三つ挙げておこう。

第一に、GAFA（Google, Apple, Facebook, Amazonの略称）に象徴されるプラットフォーム企業の暴力的なグローバル展開と、それに対する国家やEUの無策についてである。

第二に、メディアは害悪をまき散らすものであり、大人はメディアの悪影響から青少年を守らなければならないとする保護主義も、メディア・テクノロジーは人々のコミュニケーションや社会をよくするのだという技術礼賛も、いずれもメディアを複眼的にとらえていない誤った理解であるにもかかわらず、それらがマスメディアやネット空間、専門家を自称する人々のあいだにも相変わらず蔓延している状況についてである。

第三に、メディア教育がそうしたマクロな社会問題とは切り離され、個別教科での教育実践とその評価研究などのミクロな領域に留まりがちな現状についてである。彼は二一世紀前半のメディア環境と社会情勢が抱える問題の深刻さを見極めたうえで、今後のメディア教育を考えるにあたってはメディア教育のなかだけで議論をしていては限界があることをはっきり認識している。そしてGAFAやそれに対抗した国家のメディア政策のような外部環境から、ソーシャル・メディアへのアプローチのしかたにいたるまで、幅広いことがらを批判的にとらえて未来に向けた構図を素描しようとしているのだ。

本書の構成

本書の構成は次のようなかたちをとっている。まず現在のメディア環境を概観し、それに関わるメディア・リテラシーの現状と問題点を浮き彫りにする。次にメディア教育を幅広い社会的、学問的文脈のなかに位置づけ、伝統のなかで培われたメディア教育のエッセンスを生かしながら、デジタル・メディア、わけてもソーシャル・メディアに取り組んでいくための立ち位置と道具立てを確かめる。そのうえでソーシャル・メディアをめぐってどのような実践的教育が可能かを例示してみせる。最後に、GAFAなどプラットフォーム企業が台頭する状況に対して国家はどのように取り組むべきかという政策論的な絵図のなかで、メディア教育の今後の可能性と限界を指し示す。

一一の小論からなる目次構成は、宣言書として素直で自然な流れを持っている。そのオーソドックスな枠組みが、ともすれば前のめりになりがちなこの種の宣言文にバランスと普遍性を与えているといってよい。

私はところどころ、議論にきめの粗さを感じはした。しかしプラットフォーム企業が幅を利かせ、極端化した政治的意見がソーシャル・メディア上にはびこる現在のメディア環境を鷲づかみにしつつ、他方でメディア・リテラシーの陥った窮状を俯瞰的、かつ建設的に批判できる腕っ節がある人物は、イギリスのメディア教育においてバッキンガムをおいて他にいないのではないか。少なくとも、フェイクニュースやヘイトスピーチの時代にメディア・リテラシーが再び注目されているなどといって嬉々としている「その他一堂」とは、格が違う。痛快さというべきものを、私は読み終えて感じた。

バッキンガムの経歴

デビッド・バッキンガムは一九五四年、ロンドンに生まれた。ケンブリッジ大学で学士、ロンドン大学で博士をとり、八〇年代半ばから三〇年近く、ロンドン大学教育研究所に籍をおいた。この間、一貫してイギリスのメディア教育の中核を担い、多くの書物とともに弟子を輩出してきた。その後、イングランド北部のラフバラー大学へ移り、二〇一〇年代半ばには教授職を退いて、現在はフリーランスのような立場でイギリス内外で講演や執筆に奔走している。本書を含む多くの著作の原型になるテキストは、この解説の末尾の参考情報に挙げたブログで読むことができ、それを見ていれば、彼が今もなおきわめて生産的なことがわかるだろう。

本書の訳者の一人である時津啓は、イギリスのメディア教育におけるバッキンガムの軌跡を丹念に追った博士論文を書籍にまとめている。日本語で読める最も詳細なイギリスのメディア教育の学説史であり、バッキンガム論なので、ぜひ参照してほしい。彼についての詳細はそちらに譲るとして、私は自分がバッキンガムとどのように知り合い、いかなる印象を持っているかについて記してみたい。『メディア教育宣言』はいわゆる学術書ではなく、この領域に関心を持つ世界各地の一般の人々に向けた宣言書だ。それがいかにして生まれたか。その核心には、研究者というより人間としてのデビッド・バッキンガムの特徴や魅力があるはずだからである。彼と私の付き合いはごく限られたものだが、それでもその印象はこの本の基本的なスタンスと合致している。

バッキンガムと私

私が初めてバッキンガムに会ったのは二〇〇三年のことだった。その年の秋、韓国言論学会がソウルでメディア教育に関する国際シンポジウムを開催し、私たちはともにスピーカーとして呼ばれたのである。その時のバッキンガムの講演は、メディア・テキスト（メディアに盛り込まれた情報内容、コンテンツ）の批判的読み解きに留まる当時のメディア教育のあり方の限界を指摘し、生徒たち自身によるメディア制作を含めたより幅広いメディア教育の体系性を唱えるようなものだった。

私自身は、二〇〇一年に教育学者、ジャーナリスト、中学高校の教師、大学院生、アーティスト、メディア研究者、放送局員など多様な仲間とともに始めた、メディア表現、学びとリテラシーに関するプロジェクト研究型のグループである「メルプロジェクト（MELL Project : Media Expression, Learning and Literacy Project）」のビジョンや実績を報告した。日本のメディア・リテラシーが抱える課題を浮き彫りにしたうえで、それを克服するための方向性をメルプロジェクトの成果をもとに提示したのだった。

シンポジウム会場でバッキンガムと話す機会はなかったし、韓国焼き肉の宴会場でも席は遠かった。しかしふとした機会にお互いの眼が合うと、彼が親指を立ててニコニコ笑っていたのだった。私はうれしくなり、人波をかき分けて近づき、少しだけ話をした。彼は、あなたが示した批判的読解と能動的表現の循環モデル、それに基づいたワークショップの展開は、自分の取り組みと共通点が多く、おもしろかった。大変だろうがメルプロジェクトがうまくいくことを祈っているよ、と語ってくれた。

それ以来、数年おきに会う機会を持ってきたが、僕の眼に映るバッキンガムは、およそ次のような人物だ。イギリス人としてはけっして大柄ではないものの、がっしりとした体つきをしている。髪を短く刈り上げ、いつもジーンズとジャンパー、リュック姿の印象で、メガネの奥の眼は常にくりくり動いて好奇心に満ちている。もったいぶらず、気のおけない雰囲気で元気におしゃべりをする。人当たりは柔らかいがまなざしに凄味があり、ものの考え方の懐が深い。いつもがんばっていて、時々やりすぎたり、言いすぎたりすることもあるが、弟子筋の研究者からはそのあたりが愛されている。

バッキンガムを放送人にたとえるなら、大物プロデューサーの器だけれど番組制作の現場を離れることを好まず、ずっとディレクターとして現場にいたいと願う、プロデューサー・ディレクターのようなタイプではないか。いずれ役職を負わされかねない大学教授の地位を、彼が比較的早くに退き、元気に世界を駆け回っているのはそのなによりの証拠だろう。

批判的思考のための四つの要素

本書に戻ろう。簡にして要を得た宣言書だから余計な解説は要らないはずだ。ただ一点だけ、取り上げておきたいことがある。それはこの本の半ば以降でバッキンガムが批判的思考のための四つの要素を提示し、それらをソーシャル・メディアに応用して展開してみせるくだりについてである。

この本でバッキンガムは一貫して、新たなメディア環境や混沌とした社会状況のなかで右往左往するのではなく、イギリスのメディア教育の伝統と蓄積を生かしつつ、人々の批判的な知を育むことの重要性を唱えている。そのことを教育の現場で具現化するために、メディア言語、表象、制作、オーディエンスという四つの概念を提示する。これはテレビや新聞、雑誌などのマスメディアしかなかった時代にバッキンガムが提唱したものだ。当然ながら、古い概念でソーシャル・メディアの諸問題に取り組むことができるのかという批判はありうる。しかしまずは彼の言うことをじっくり聞いてみよう。すると老練な技術者や医師がシンプルな道具ですばらしい仕事をするように、現在先端を行くとされているソーシャル・メディアのあり方をいかにすれば批判的にとらえることができるかが、読者には明確に見えてくることだろう。そして、実践的に介入するためのポイントが鮮やかに提示されていることにも気づくはずだ。

私自身は、この四要素が重要であることはまちがいないものの、足らないものがあると考えてきた。それはメディアの物質性であり、つまりモノや技術、システムという次元でメディアをとらえる観点である。近年のメディア理論がプラットフォームやインフラストラクチャーに着目しはじめているのは、ただの流行ではない。ただ、批判的思考の四要素に理論的には満足していない私でも、四要素を概念装置として自在に使いこなし、新規なメディアのあり方に真正面から向かっていくバッキンガムの姿勢には爽快感すらおぼえる。教育の現場で本当に大切なのは理論そのものではなく、その理論を使いこなし、人々に気づきと学びの機会を与えることだろう。バッキンガムはそれをやってみせてくれているのだ。

これがなぜ可能なのかといえば、バッキンガム自身が批判的思考を理論的にだけではなく、実践的に身につけた研究者だからではないか。ものごとを複眼的にとらえること、出来事を幅広い文脈のなかに位置づけて吟味すること、それが批判的思考の基本なのだが、バッキンガムはそれをしっかりと体得したうえで、学問的実績を積んできたのだ。私たちはこの領域でしばしば、批判的思考を学問的に論じながら、その人自身が批判的思考を身につけていないという事例に出遭うことがある。しかし彼のなかでは理論と実践がしっかり結びついている。このことが伝統的な概念による鮮やかな分析を可能にしているのである。

日本のメディア教育の現状

ここで日本のメディア教育の現状を駆け足で論じておこう。一九九〇年代にはテレビを中心とするマスメディアの問題が取り沙汰され、イギリス、カナダなどからメディア・リテラシーという概念が輸入されて議論がさかんになった。その状況は、「マスメディア対インターネット」という構図のなかでメディア環境を論じることができた二〇〇〇年代半ばまで続いたといってよい。しかしあらゆるものごとがデジタル・プラットフォームに媒介されることが当たり前になるにつれ、マスメディアの弊害といったようなわかりやすい問題点がメディア環境のなかに見出しにくくなり、人々の関心は薄らいでいった。それとともにメディア・リテラシーへの関心、メディア教育への取り組みは停滞することになったといってよい。

この間、小中学校の各教科や高校の教科「情報」などにメディア教育的なものが導入され、ほとんどの大学が共通科目などでメディア・リテラシーを取り扱うようになった。それらをうまく活用する教師は少なくない一方、仏作って魂入れずという結果が多いことも事実である。ちなみに日本では、メディア教育の骨組みとなる国家的なカリキュラムなどは導入されていない。

二〇一〇年代半ば以降、スマートフォンとソーシャル・メディアが密接に結びついて発展したネット空間で、ヘイトスピーチ、フェイクニュース、ネット右派をはじめ、極端に片寄った言論がはびこるようになった。イギリスのEU離脱やドナルド・トランプのアメリカ大統領就任などは、そうしたネット空間の存在を抜きには語ることができない。この点についてはバッキンガムが本書の前半で取り上げているが、日本でもほぼそれと同じような問題状況が浮上してきた。それとともに、メディア・リテラシーが再び召還され、注目を集めるようになってきたのである。

二〇二三年現在、こうした状況のなかで、メディア教育、メディア・リテラシーをめぐって、各領域で努力を重ねる人々は存在するが、各領域がうまく連携しておらず、結果として個別に閉じがちで十分な拡がりをみせていないというのが、日本の現状だといわざるを得ない。

教育工学とメディア論

メディア教育、メディア・リテラシーを担うおもな領域は、日本のなかで二つ見出せる。ひとつは教育工学である。八〇年代までの放送教育から、コンピュータ教育、さらにはタブレットなどを用いたアクティブ・ラーニングへと、新たなメディアを用いて授業改革を進める実践研究は連綿と続いてきており、メディアに対する批判的思考を育むタイプの研究は、その流れのなかで継続的に一角を占めてきた。その成果は関連する教科教育、たとえば国語や社会科教育などとも結びついて応用展開している。

もうひとつはメディア論である。こちらは社会学、文化研究などに根ざした批判理論の系譜上にあり、およそ一九九〇年代以降に発展してきた。ソーシャル・メディア上の島宇宙化した言論のあり方、ネット上に展開するオタク文化、それらを下支えするデジタル・プラットフォームの政治経済学などメディアとコミュニケーションをめぐる多様なトピックが、おもに社会科学的な方法論を用いて研究されている。

問題は、これら二つの領域がほとんど接点を持たないという点にある。教育工学はその名称が指し示すとおり、工学的発想でメディアを開発はするものの、その存在を批判的にとらえることに躊躇する。そしてメディアがもたらすポピュラー文化やさまざまなステレオタイプ、格差にはほぼ触れない。一方、メディア論はメディアと社会の関わりを歴史研究や実証研究で分析的にとらえるが、メディアのあり方そのものに実践的に介入する発想は持たない。社会科学的なメディア論は、メディアと人間の関係性を分析、記述はするが、人々がメディアという存在にいかに気づき、それらを批判的にとらえる術や素養をいかにして学ぶかという、教育にとって最も重要な観点について関心を示さないのだ。

状況を打開するための四つの動き

このような問題状況は、少なくとも一九九〇年代にメディア・リテラシーがブームとなった時期からあまり変化していない。私には忸怩たる思いがある。しかし本書を読むと、バッキンガムが私たちに、後ろ向きに嘆くのではなく、前を向いてやるべきことに取り組めと発破をかけてくれているような気がする。最後に日本の状況を打開するための動きを四つ、挙げておこう。

第一に、日本に限ることではないが、新型コロナ禍が世界の人々に対して、はからずもメディアの存在とその重要性を思い知らせることになった。二〇二〇年前半を通じて急速にパンデミックが拡がると、それまで人々がごく自然にこなしていた対面コミュニケーションの数々が、オンライン会議サービスなどを介してバーチャルにおこなわれるようになった。その過程であらゆる職種の人々が、バーチャル・コミュニケーションを支えるメディアの存在を意識せざるを得なくなったのである。たとえば大学教員は、それまでの対面講義では気にもしなかった自分の声色や表情、マイクや照明などに気をつけるようになり、必死でアプリケーションの使い方を覚えた。地球規模の社会実験とでも呼べるこの事態は、明らかにメディアを批判的に読み解き、能動的に表現する営み、すなわちメディア・リテラシーを、膨大な数の人々が意識し、実践する機会となった。それがなにをもたらすかはまだみえないが、未来のメディアの歴史家は、必ずや新型コロナ禍の勃発と蔓延をメディアとリテラシーに関する大きな変化の起点とみなすことだろう。

第二に、アカデミズムの動きである。まず、メディア論の研究者が最も多く所属する日本マス・コミュニケーション学会が日本メディア学会へと名称を変更し、新たな学会の目的のひとつとしてメディア・リテラシー教育の促進に取り組むことを明らかにした。また日本教育工学会では、中橋雄、宇治橋祐之らが中心となって、二〇一五年から五年間、メディア・リテラシーに関するSIG（分科会：Special Interest Group）を設置し、関連領域、とくにメディア論との連携を深めた。さらに、教育思想からメディア論、メディア・リテラシーへの接近もあった。日本のこの領域では今井康雄がメディアを鍵概念として成果をあげてきた。時津啓は、その系譜上でメディア教育に取り組んでいる。またアートや記憶、アーカイブへと思想史の枠を超えた試みに取り組む山名淳の思考様式は、メディア論と重なる部分が大きい。教育思想がより越境的になり、メディア論と教育工学のあいだに介在すれば、創造知と批判知をうまく調和させる学問的な領野が広がるのではないかと、私は夢想している。

新型コロナ禍のなかで、メディアがもたらすうわさやデマ、フェイクニュースなどが爆発的に拡がる様子を、パンデミックをもじってインフォデミックというようになった。第三に挙げられるのはインフォデミックに対抗するインターネット上の市民的な動きである。日本では、オンライン上のファン文化、災害時のコミュニティ・メディア、ファクトチェック活動、ハッシュタグ・アクティビズム、プラットフォーム協同組合主義など、オルタナティブで自律的なメディア実践が確実に拡がりつつある。メディア論および文化研究の毛利嘉孝、伊藤昌亮、アクティビストの影山裕樹、毛原大樹、日本ジャーナリスト教育センターを立ち上げた藤代裕之らは、メディアの批判的分析と能動的実践の結びつきの重要性を認識したうえで活動している。それらは学校教育の外側でのメディア教育の展開と結びつきうるだろう。

バッキンガムもこの動きを重視している。たとえば、ロンドンオリンピックの直後、私はバッキンガムから、会場となった東ロンドンの跡地で、ストリートの若者らにインターネットを中心とするメディア教育をするための実践的なプログラム開発を進めたいという話を持ちかけられた。彼は青少年に対する学校教育を一貫して重視しているが、社会のなかの多様な人々への働きかけがメディア教育を豊かにすることを認識していたのだった。

最後に、東アジアの国や地域との連携が進んでいることだ。二〇〇三年にソウルでバッキンガムに会った際、彼の通訳をしていたチョン・ヒョンソンは、現在、韓国のメディア教育を牽引するリーダー格の一人だ。バッキンガムは本書の謝辞でも彼女らの名を挙げており、台湾のリン・ツービンらを含めた東アジアの弟子たちを大切にしている。私をはじめとする旧メルプロジェクトのメンバーらは現在、これら東アジアの研究者や実務家らとさかんに交流している。バッキンガム自身はイギリス社会の文脈で本書を書いたが、その射程はグローバルである。しかし彼は、東アジアには相対的に独自のメディア文化があり、それを熟知した研究者らが取り組み、グローバルに連携すればよいという見通しを持っている。

私たちはバッキンガムからただ教わるのではなく、彼とともに現代的なメディア環境のなかで研究や実践を展開していく必要がある。『メディア教育宣言』はそのことをはっきり示しており、長く読み継がれる古典となるだろう。

参考情報

デビッド・バッキンガムのブログ「David Buckingham」https://www.davidbuckingham.net
時津啓『参加型メディア教育の理論と実践——バッキンガムによるメディア制作教育論の新たな展開をめざして』明石書店、二〇一九年。

訳者あとがき

本書はDavid Buckingham, *The Media Education Manifesto*, Polity Press, 2019の全訳である。著者デビッド・バッキンガムは、一九五四年にロンドンに生まれ、ロンドン大学で長く教鞭をとってきた、イギリスのメディア教育を牽引する人物である。現在は常勤から退き、ラフバラー大学名誉教授、および、ロンドン大学キングスカレッジの客員教授である。

本書で彼は、これまで提起した教育理論、教育方法、そして分析に必要な諸概念を、ソーシャル・メディアと突き合わせている。それを通して、理論の更新と新たな時代のメディア教育の必要性を「宣言」している。ソーシャル・メディア上に飛び交っているデマや嘘も含めた情報に、子どもたちはどのように向き合っていくべきか。あるいは、学校教育で叫ばれる「主体的・対話的で深い学び」の実現に、メディアについての学びはどのように組み込まれるべきか。こうした課題に取り組むためには、本書が提起するような幅広い視点が必要である。詳しくは解説をご覧いただきたい。

原著が出てから四年が経過し、その間にフェイスブックがメタへ、ツイッターがXへと社名を変え、生成型ＡＩが急速に普及するなど、インターネットやデジタル・メディアのあり方には少なからぬ変化が生じた。しかし私たちは一連の変化が、本書における筆者の論旨に本質的な影響を与えるものではないと考えている。もちろん、メディア教育の理論や実践に取り組む者にとって、絶えず変化していくメディア環境に注意を向け、柔軟に対応していく必要があることはいうまでもないし、バッキンガム自身、すでにそうしていることだろう。

本書の翻訳は、最初に時津啓と砂川誠司の二人で計画、開始し、その後、バッキンガムと交流がある水越伸が加わった。まず時津が三章〜七章、九章、結論を、砂川がその他を訳出した。その後、水越が全体を精査して翻訳を完成させるとともに、解説も担当した。バッキンガムは、訳者らの質問にていねいに回答してくれた。記して感謝する。

二〇二三年九月

水越伸・時津啓・砂川誠司

著者

デビッド・バッキンガム

1954年、ロンドン生まれ。メディア教育の第一人者。ケンブリッジ大学卒業。ロンドン大学でPh.Dを取得。ロンドン大学教育研究所の教育学教授を長年務め「子ども・若者・メディア研究センター」を創設。国連、ユネスコ、ユニセフ、欧州委員会、英国政府などのコンサルタントも務める。現在、ラフバラー大学名誉教授、キングス・カレッジ・ロンドン客員教授。

監訳者

水越伸（みずこし　しん）

筑波大学比較文化学類卒業。東京大学大学院社会学研究科博士課程中退。東京大学大学院情報学環教授を経て、関西大学社会学部メディア専攻教授。おもな著書に『メディアの生成――アメリカ・ラジオの動態史』（ちくま学芸文庫）、『新版 21世紀メディア論』（放送大学振興会）など。

訳者

時津啓（ときつ　けい）

島根県立大学人間文化学部教授。広島大学大学院教育学研究科博士課程後期単位取得退学。博士（教育学）。著書に『参加型メデイア教育の理論と実践――バッキンガムによるメディア制作教育論の新たな展開をめざして』（明石書店）。

砂川誠司（すながわ　せいじ）

愛知教育大学教育学部講師。広島大学大学院教育学研究科博士課程後期修了。博士（教育学）。

メディア教育宣言
デジタル社会をどう生きるか

2023年11月16日　第1刷発行　　定価はカバーに表示しています

監訳者　水越　伸
発行者　上原寿明

世界思想社
京都市左京区岩倉南桑原町56　〒606-0031
電話　075(721)6500
振替　01000-6-2908
http://sekaishisosha.jp/

© S. Mizukoshi 2023　Printed in Japan
（印刷　太洋社）

落丁・乱丁本はお取替えいたします。

JCOPY ＜（社）出版者著作権管理機構　委託出版物＞
本書の無断複写は著作権法上での例外を除き禁じられています。複写される場合は、そのつど事前に、（社）出版者著作権管理機構（電話 03-5244-5088、FAX 03-5244-5089、e-mail: info@jcopy.or.jp）の許諾を得てください。

ISBN978-4-7907-1767-6

『メディア教育宣言』の
読者にお薦めの本

ジェンダーで学ぶメディア論

林香里・田中東子 編

メディアについて考えるとき、「ジェンダー」は最適な拡大鏡になる。メディアの思想、インターネット、マスメディアとジャーナリズム、メディア文化――メディア論の基礎をジェンダーと多様性の視点から学ぶ、これからの入門書。

定価 2,100 円（税別）

メディア・リテラシーの現在と未来

鈴木みどり 編

メディアが構成し提示する「現実」を多面的かつ批判的に読み解く力を持たなければ、今日の社会にあって民主主義に基づく自らの権利を行使しつつ生きてゆくことさえ困難である。メディア社会における民主主義の根幹に関わる問題として考える。

定価 2,300 円（税別）

音楽と出会う　21 世紀的つきあい方

岡田暁生

人生を変えるような音楽と出会うには？　ネット動画、AI による自動作曲、カリスマ不在、癒し音楽ブーム……近代西洋音楽史を専門とする著者が、21 世紀固有の音楽現象に挑み、規格外の音楽とつきあう楽しさを語る。おすすめの音楽も紹介。

定価 1,700 円（税別）

賀茂川コミュニケーション塾　ビブリオバトルから人工知能まで

谷口忠大

ビブリオバトルって何？　コミュニケーションするロボットは創れる？　ビブリオバトルの考案者にして人工知能の研究者が、既存の学問枠組みを超えて、コミュニケーションの新しい視点を伝授。教授と高校生の対話によるライトノベル形式の入門書。

定価 1,700 円（税別）

定価は、2023 年 11 月現在